경매 부자들

평범했던 그들의 특별한 경매투자 비밀

경매 부자들

초판 1쇄 발행 2012년 6월 1일
초판 9쇄 발행 2019년 2월 20일

지은이 고준석
펴낸이 유정연

주간 백지선
기획편집 장보금 신성식 조현주 김수진 김경애 **디자인** 안수진 김소진
마케팅 임충진 임우열 이다영 김보미 **제작** 임정호 **경영지원** 전선영

펴낸곳 흐름출판(주) **출판등록** 제313-2003-199호(2003년 5월 28일)
주소 서울시 마포구 동교로 134, 3층 (서교동 464-41)
전화 (02)325-4944 **팩스** (02)325-4945 **이메일** book@hbooks.co.kr
홈페이지 http://www.hbooks.co.kr **블로그** blog.naver.com/nextwave7
출력·인쇄·제본 (주)현문 **용지** 월드페이퍼(주) **후가공** (주)이지앤비(특허 제10-1081185호)

ISBN 978-89-6596-026-3 03320

이 도서의 국립중앙도서관 출판시도서목록(CIP)은 e-CIP홈페이지(http://www.nl.go.kr/ecip)와 국가자료공동목록시스템
(http://www.nl.go.kr/kolisnet)에서 이용하실 수 있습니다. (CIP제어번호 : CIP2012002265)

평범했던 그들의 특별한 경매투자 비밀

경매 부자들

고준석 지음

흐름출판

나도 진짜 경매 부자가 될 수 있을까?

투자자들뿐만 아니라 내 집 마련을 계획하고 있는 실수요자들까지도 부동산 경매에 뜨거운 관심을 가지고 있다. 부동산을 싸게 사서 높은 수익을 얻을 수 있기 때문이다. 그러나 경매만 하면 무조건 성공하는 것이 아니다. 경매에 나선 사람들 중에 성공한 사람들보다 실패한 사람들이 더 많다. 매력적인 재테크 수단인 만큼 경쟁률도 만만하지 않고 위험요소도 크다.

지금까지 경매투자는 극히 일부 투자자들의 전유물이었다. '권리분석이 매우 어렵다'는 선입견 때문이다. 그래서 관심만 둘 뿐, 대부분의 사람들은 경매를 시작해 보기도 전에 겁을 먹고 포기했다. 그런데 실제로 경매로 부자가 된 사람들을 보면, 결코 권리분석을 잘 하는 사람들이 아니다. 단언컨대 권리분석 타령만 하는 사람들은 절대로 경매 부자가 될 수 없다.

'나도 진짜 경매 부자가 될 수 있을까?'라며 경매에 관심을 보이는 사람들이 많을 것이다. 그러나 그들 중 대부분은 '법에 대해선 아무것도 모르는데 성공할 수 있을까?'라고 의심에 의심을 품는다. 명심하라. 주변에서 떠도는 이야기만을 가지고 무조건 덮어놓고 포기하는 사람은 부자가 될 자격조차 없다. 스페인 소설가 발타사르 그라시안Baltazar Gracian은 "진실은 대체로 눈에 보이지, 귀로 듣는 것이 아니다. 그러므로 언제나 무모한 것이 아닐까 하는 의심을 버리고 행동에 착수하라."고 일갈했다. 알아보지도 않고 남들이 하는 소리만 듣고 경매를 제멋대로 판단해서는 부자가 될 수 없다.

노벨 평화상을 수상한 마틴 루터 킹Martin Luther King 목사의 "나에게는 꿈이 있습니다."로 시작하는 명연설이 지금까지 회자되는 이유는 1963년 당시에는 감히 상상할 수도 없었던 "내 꿈은 백인들과 함께 같은 버스를 타고, 같은 교회와 같은 학교에 다니며, 같은 식당에서 밥 먹는 것"이라고 당당하게 입 밖으로 꺼냈기 때문이다. 세월이 흘러 현재 미국은 최초의 흑인 대통령이 취임했다. 이처럼 진정으로 바라는 꿈은 언젠가 이루어진다.

내가 현장을 직접 뛰면서 만난 경매 부자들은 모두 처음부터 권리분석에 능통한 것이 아니었다. 그렇다고 넉넉한 종잣돈을 가지고 시작했던 것도 아니다. 공통점이 있다면 반드시 경매 부자가 되겠다는 큰 꿈을 가슴속 깊이 품고 실제로 노력했다는 것이다.

내가 경험한 바로는 법을 잘 아는 사람보다, 부자가 되겠다는 절박함에 미쳐 있는 사람들이 오히려 부자가 된다.

나는 1995년부터 경매투자를 시작해, 그동안 내 손으로 경매에 부친 물건만 2,000여 건이 넘는다. 여기에 실무를 뒷받침하기 위해 이론까지 충실히 공부한 결과 2005년 동국대에서 법학박사 학위를 취득했다. 또한 '대한민국 금융권 부동산 컨설턴트 1호'로 활동하며, 대한민국에 행복한 부자들이 많아지길 소망하며 열정적으로 뛰고 있다.

이 책은 내가 15년이 넘는 세월 동안 부자로 만들어 준 사람들의 애절하고 생생한 성공 스토리를 담고 있다. 수십 번의 실패에도 굴하지 않고 도전해 성공한 사람, 노숙자에서 경매 부자로 변신한 사람, 돌밭을 금밭으로 만든 사람 등 50여 명의 실전 투자 사례를 통해 꿈을 이루는 과정을 담백하게 담아냈다. 또한 지금까지 권리분석이 어렵다는 이유로 경매에 다가서지 못했던 사람들을 위해 알기 쉬운 〈권리분석 공식〉을 만들었다. 또한 초보자를 위해 수익률을 감안한 〈입찰가격 산정방법〉을 공개했다. 그리고 종잣돈이 부족한 사람들에게 도움이 될 수 있도록 경매대출에 대한 사례를 공개했다.

나는 이 책을 통해 많은 사람들이 경매 부자들의 꿈과 열정을 배우길 바란다. 그리고 행복한 부자가 되고자 하는 당신에게 강력한 동기부여가 되었으면 한다.

마지막으로 많은 힘이 되어준 사랑하는 아내 이경아, 믿음직스러운 두 아들 고영재, 고영서 그리고 어머님과 고금석 형님께 감사의 말씀을 드린다. 또한 나의 열정을 발휘할 수 있도록 아낌없는 성원과 격려를 해주신 신한은행 식구들과 동국대 대학원 제자들, '자산관리 멘토스쿨' 멘티님들, '아이러브 고준석과 부동산 재테크(cafe.daum.net/gsm888)' 팬카페 회원님들과 흐름출판 식구들에게 거듭 감사 드린다.

고준석 올림

PART 02 알고 보면 어렵지 않은 권리분석

PART 03 경매 부자들만 아는 경매대출 비법

경매 부자들의
인생 역전 스토리

PART 05 고준석 박사와 함께하는 경매 Q&A

01
그들이
경매 부자가
될 수밖에 없는 이유

경매 부자들은 가격이 올라갈 때 YES!를 외친다

친구들 사이에서 경매 부자로 통하는 H씨(48세).

나이 50을 앞둔 그는 굴곡진 인생을 살아왔다. 대학 2학년이던 1984년 당시 아버지의 사업실패로 집안 형편이 어려워졌다. 휴학을 하고 군대를 다녀왔지만 가세는 더 기울었다. 전셋집을 벗어나기가 어려워 여러 곳으로 이사를 다니다가 두 여동생, 부모님과 뿔뿔이 흩어져 살아야 했다. 그는 대학 졸업장만큼은 손에 쥐고 싶었지만, 현실은 녹록지 않았다. 장남으로서 공부보다 돈벌이가 우선이었다.

H씨는 남대문시장에 있는 한 옷가게에서 5년간 성실하게 일했다. 하지만 먹고사는 데 빠듯해서 종잣돈을 마련하기가 쉽지 않았다. 그러던 어느 날 그에게 행운이 찾아왔다. 건강이 좋지 않았던 가게 사

장이 점포를 인수하지 않겠느냐고 제안을 해온 것이다. 하지만 인수 비용이(2억 5,000만 원) 턱없이 부족했다. 수중에는 간신히 저축해 모은 돈 3,600만 원이 전부였다. 그의 속사정을 잘 알고 있던 가게 사장은 인수 자금을 5년간 나눠서 갚는 조건으로 가게 소유권을 내주었다. 그의 성실함이 빛을 발하는 순간이었다.

그는 사장이 된 후로 하루도 가게 문을 닫은 적이 없었다. 덕분에 3년 6개월 만에 빚을 전부 상환할 수 있었다. 결혼을 하여 부모님을 모시고 살게 됐고, 두 여동생들도 시집보냈다. 정말이지 지독하다고 할 만큼 부지런히 돈을 모았다. 세상 돌아가는 사정에 대해 누구보다 빨랐던 그는 점차 부동산에 관심을 갖게 됐다.

2001년, 그는 상인들 모임에 참석했다가 경매로 집을 싸게 구입할 수 있다는 이야기를 들었다. 당시 아파트의 경우 매매시세보다 30~40퍼센트 정도 저렴했다. 더욱이 주춤했던 부동산 시장이 서서히 살아나면서 아파트 가격이 상승세를 타고 있었다. 하지만 IMF 탓에 주눅이 든 사람들은 선뜻 경매에 덤벼들지 못했다.

시장통에서 잔뼈가 굵은 그는 싸게 사면 남는 장사이니 좋은 기회라고 여겼다. 물론 고민도 많았다. 주위에서 섣불리 시작해서는 안 된다고 말렸다. 하지만 실패보다 더 큰 경험은 없다고 생각한 그는 과감히 경매에 도전장을 내밀었다.

H씨의 내 집 마련 1순위 지역은 여의도였다. 부도가 나기 전까지 부모님이 살았던 터라 항상 그곳을 예의주시하고 있었다. 주경야독으로 경매 서적을 파고든 지 14개월째, 그는 드디어 마음에 쏙 드는 아파트를 찾아냈다. 공작아파트(92.56㎡, 법원감정가 2억 5,000만 원)가 2차(1억 6,000만 원)까지 떨어져 있었다. 그는 떨리는 가슴을 뒤로하고 권리분석에 돌입했다. 근저당권 4건, 가압류 3건, 가등기 1건이 붙어 있었다. 공부한 바 경매로 전부 소멸되는 권리였다. 첫 도전이기에 권리관계에 문제는 없는지 전문가에게 확인까지 받았다. 부동산 가격이 오르는 시기인지라 매수하는 데 절호의 기회라는 조언도 들었다. 결국 3차 입찰에 참여해 1억 7,000만 원에 낙찰받았다.

그는 경매로 집을 장만하고 보니 가슴이 벅차올랐다. 대금을 납부하고 소유권 이전을 마친 지 1개월 만에 주변시세를 알아보면서 또 한 번 기쁨을 만끽할 수 있었다. 때마침 부동산 시장이 살아나면서 아파트 가격이 무섭게 상승세를 타더니 그가 경매로 구입한 아파트의 매매 시세가 3억 6,000만 원까지 올랐기 때문이다. 등기부에 잉크가 마르기도 전에 1억 9,000만 원의 수익을 올린 것이다. H씨는 이후에도 경매에 투자해 2번의 실패와 2번의 성공을 맛보면서 5억 5,000만 원이 넘는 수익을 올렸다.

경매 부자들은 실패를 각오하고 경매에 뛰어든다. 또한 실패보다 더 큰 경험은 없다고 여긴다. 그들은 호랑이가 먹잇감을 잡기 위해 전

력질주를 하듯이 경매에 엄청난 에너지를 쏟아 붓는다.

　　그리고 중요한 사실은 대부분의 경매 부자들이 부동산 가격이 떨어질 때는 경매에 관심을 두지 않는다는 것이다. 가격이 오를 때 경매에 참여해 엄청난 수익을 챙긴다. 그러나 경매 하수들은 관심이 있어도 실패할까 겁을 내며 쉽게 다가서지 못한다. 심지어 부동산 가격이 떨어질 때 경매에 들어가는 일이 다반사다.

　　일반적으로 부동산을 경매가 아닌 시장을 통해 매입할 때는 당연히 가격이 떨어질 때 투자해야 한다. 그리고 가격이 오를 때 처분해 시세차익을 극대화하는 것이 투자의 정석이다. 그러나 경매는 다르다. 경매물건의 가격이 정해지는 시점과 매각시점이 짧게는 수개월, 길게는 1년 이상 차이가 나기 때문이다. 진행과정에서 경매물건에 대한 감정 등 법률적인 제반 절차를 거쳐야 하므로, 경매소요 기간은 빨라야 6개월이다. 보통 1~2년을 넘기는 경우가 대부분이다.

　　예를 들어 시세 3억 5,000만원 아파트의 경우, 법원감정가격(3억 3,250만 원)이 정해지고 3~4개월 후에 매각기일이 결정된다. 이때 시세가 1억 원 정도 떨어졌다면, 매매시세는 2억 5,000만 원선이므로 경매보다 시장에서 매입하는 것이 저렴하다. 법원감정가 대비 20퍼센트 저렴한 값에 낙찰(2억 6,600만 원)받는다고 해도 시세보다 비싸다. 반면 매각기일 시점에 아파트 가격이 1억 원 정도 올랐다면(4억 5,000만 원), 1차

(3억 3,250만 원)에 낙찰을 받아도 1억 2,000만 원 정도 차익을 올릴 수 있다. 이렇듯 부동산 가격이 오르는 시점에 경매에 들어가야 수익을 극대화할 수 있다.

《도덕경道德經》에 "반자도지동反者道之動"이란 말이 있다. 즉, 모든 사람들이 가는 길이 반드시 옳은 길은 아니다. 때로는 거꾸로 가야 한다. 경매 하수들은 가격이 떨어질 때 "Yes"를 외친다. 그러나 경매 고수들은 가격이 오를 때 "Yes"를 외친다.

또한 경매 고수들은 매매시세 대비 얼마나 싸게 매수했느냐를 중요하게 여긴다. 그들은 경매 시장만 바라보는 것이 아니라 부동산 시장의 전체 분위기를 철저하게 살핀다. 시장가격이 떨어졌을 때 법원감정가 대비 매수시점의 가격 상승에 대한 평가차익을 노리기 때문이다. 반면 경매 하수는 법원감정가격 대비 얼마나 저렴하게 매수했느냐에 방점을 찍는다. 경매 시장만 쳐다볼 뿐 전체적인 부동산 시장의 흐름에는 관심을 두지 않는다. 특히 경매 시점에 부동산 가격이 오르는지 내리는지에 대해서 도통 신경을 쓰지 않는다. 명심하라. 경매 부자가 되고 싶다면 부동산 가격이 오를 때 경매에 나서야 한다.

경매 부자들은 권리분석보다 '이것'을 먼저 따진다

수원에서 제과점을 운영하는 K씨(45세).

그는 2007년에 내 집 마련을 위해 경매에 나섰다. 경매 서적을 2권 정도 탐독했을 뿐 따로 공부하지는 않았다. 다만 권리분석만 완벽하게 하면 분명 성공할 것이라고 굳게 믿었다. 그는 '권리분석의 신봉자'였다.

경매에 어느 정도 자신감 생기자 K씨는 경매물건을 찾기 시작했다. 그러던 중 수원에서 가까운 오산의 대동황토방 아파트(99.79㎡, 법원 감정가 2억 6,000만 원)가 눈에 들어왔다. 1차(2억 800만 원) 유찰로, 근저당권 2건과 가압류 3건이 등기되어 있었지만 전부 소멸되는 권리였다. 게다가 소유자가 살고 있어 명도 문제도 걱정이 없었다. 그는 2차 입찰에서

2억 2,000만 원에 낙찰받았다. 당시 매매시세보다 6,000만 원 정도 저렴했다. 소유권이전등기를 마치고 그는 뿌듯함으로 가슴이 벅차오르는 것을 느꼈다.

그러나 그 아파트는 점점 골칫거리가 되고 말았다. 전혀 시세가 오르지 않았기 때문이다. 낙찰가인 2억 2,000만 원에 팔려고 해도 사겠다는 사람이 없었다. 권리분석만 잘하면 돈을 벌 수 있다고 여긴 그의 판단은 완전히 빗나갔다. 경매로 매수에 성공했지만 투자에는 실패한 것이다. 그때부터 그는 경매에 대해 제대로 공부하기로 했다. 그리고 모 대학의 평생교육원에서 경매 공부를 하면서 경매 투자의 성공 비결은 일반 부동산과 마찬가지로 '미래가치'에 있음을 깨달았다.

2010년에 K씨는 또다시 경매에 나섰다. 평택에 있는 작은 땅(밭 310㎡, 법원감정가 3,200만 원)으로, 3차(1,638만 원)까지 유찰됐지만 아무도 거들떠보지 않았다. 지난번의 실패를 되풀이하지 않기 위해 그는 권리분석에 앞서 미래가치부터 꼼꼼히 따져보았다. '토지계획이용확인서'를 통해 계획관리지역이라는 사실과 함께 토지거래허가구역임을 확인했다. 또한 개발진흥지구로 지정이 되어 있어 미래가치가 대단했다. 해당 시청에 확인해보니, 그 땅에 아파트가 들어설 가능성이 높았다. 밭이 있는 현장에도 방문했다. 길도 없고 농사도 짓지 않는 방치된 땅이었다. 그러나 주변지역에 이미 아파트 단지가 들어서고 있었다. 미래가치가 선명하게 그의 눈에 들어왔다. 토지거래허가구역으로 지정된 땅이지만 경매 투자에는 전혀 문제가 없었다.

그는 권리분석에 들어갔다. 가압류 4건(경매로 전부 소멸되는 권리)으로 평이한 물건이었다. 하지만 권리관계가 복잡했다. 소유자가 여럿인 공유지분이기 때문에 3차까지 유찰된 것이었다. 이런 물건은 공유지분자에게 '우선매수권'이 주어진다. 즉, 우선매수권을 행사하면 최고가매수신고인이 있어도 소유권은 공유자에게 넘어가기 때문에, 보통 사람들이 관심을 두지 않는다.

K씨는 우선매수권이 붙어 있음에도 매수에 나섰다. 그리고 4차 입찰에서 1,900만 원을 써내 최고가매수인이 됐다. 다행히 공유지분자가 우선매수권을 신청하지 않았다. 많은 돈을 투자한 것은 아니었지만 큰 재산을 얻은 것 같아 마음이 든든했다.

2011년에 그 땅을 매수하겠다는 아파트 시행업자가 찾아왔다. 그것도 낙찰가의 10배가 넘는 2억 1,000만 원에 보상을 해준다고 했다. 그는 주저할 이유가 없었다. 10년을 묻어둘 계획으로 투자했는데 9개월 만에 10배의 수익을 올린 것이다.

그는 여전히 생업에 충실하면서 경매 공부에 매진하고 있다. 미래 가치에 확신이 든다면 언제든 경매에 도전할 생각이라고 한다.

경매 고수들은 먼저 미래가치부터 따진다. 이를 위해 토지대장을 비롯한 토지이용계획확인서, 지적도 등 기본적인 정보를 통해 수익가치를 내다본다. 특히 토지이용계획확인서의 용도지역, 용도지구, 용도구역 등으로 토지의 규제사항과 함께 개발가능 여부를 확인한다. 지적도(임야도)로는 땅의 모양, 경계, 도로의 유무를 정확하게 살핀다. 반면에 경매 하수들은 권리분석만 하다가 정작 좋은 물건이 나오면 미래가치를 따지는 방법조차 몰라 허둥대기만 한다.

경매 고수들은 부동산의 미래가치를 판단하는 능력이 탁월하다. 이 탁월함은 선천적인 것이 아니라 후천적인 노력의 산물이다. 여기에 권리분석의 힘을 보태야 한다. 다시 말해 경매 고수는 하루아침에 되는 것이 아니다.

경매에서 권리분석은 중요하다. 그러나 권리분석을 잘해 수많은 물건을 낙찰받아도 미래가치가 없는 부동산이라면 실패한 것이나 다름없다. 반면에 미래가치가 있어도 부동산 시장이 죽어 있으면 매도할 수가 없다. 반대로 미래가치가 없는 부동산은 시장이 좋아도 처분할 수가 없다.

《시경詩經》에 "절차탁마切磋琢磨", '좋은 옥은 하루아침에 만들어지지 않는다'는 말이 있다. 경매 부자들은 경매 물건을 신중하고 세세하게 살펴보며 미래가치를 찾아낸다. 그들은 미래가치가 없으면 권리분석에 아무 문제가 없다고 해도 섣불리 경매에 나서지 않는다. 서두르지 않고 제대로 된 물건이 나올 때까지 기다린다. 그러나 경매 하수들은 권리분석을 잘해 낙찰을 받느냐 그렇지 못하느냐에 사활을 건다. 정작 중요한 것을 놓치고 있으니 참으로 안타깝다.

꼭 기억하자. 권리분석이 성공적인 경매 투자의 전부는 아니다. 무엇보다 앞서야 할 것은 미래가치를 볼 줄 아는 '눈'이다.

경매 부자들은
초심을 잃지 않는다

압구정동에 사는 A씨(42세).

광고회사에 다니는 회사원인 A씨는 결혼 초기부터 내 집 마련에 몰두했다. 그는 자연스럽게 경매 관련 카페에 가입하면서 꿈을 키워나 갔다.

그러던 2005년, 카페 회원들과 저녁식사 모임을 하는 자리에서 운영자에게 솔깃한 제안을 받았다. 카페 회원 10여 명이 1인당 1억 5,000만 원씩 경매펀드(15억 원)를 조성해 일산에 있는 6층짜리 상가건 물(대지 990㎡, 법원감정가 25억 3,000만 원)에 투자하자는 것이었다. 3차(12억 9,536만 원)까지 유찰되어 거의 절반 가격인데다, 낙찰받아 상가분양만 마치면 1년 후에 최소한 3배의 수익을 낼 수 있다고 했다.

당시 그는 2억 7,000만 원을 모아둔 상황이라 투자만 하면 몇 억은 그냥 벌 수 있다는 유혹에 마음이 흔들렸다. 하지만 투자제안에 대해 일일이 따져보기로 했다. 상가건물이 있는 현장에 나가 주변지역 상권을 비롯해 건물의 상태, 분양 가능성 등을 확인했다. 그런데 생각한 것과 달리 많은 부분에서 차이가 났다.

상가건물은 신축 중에 건물주의 부도로 경매 시장에 나온 것이었다. 경매펀드를 조성해 낙찰을 받는다 해도 15건의 유치권(6억 5,000만 원)을 떠안아야 했다. 게다가 건물 완공까지 적어도 5억 원의 추가비용이 더 발생할 것으로 보였다. 준공된다 해도 분양이 쉽지 않을 것 같았다. 카페 운영자의 말과 달리 수익은커녕 손해가 예상됐다.

A씨는 그 경매펀드에 투자하지 않았다. 그러나 펀드에 투자한 일부 카페 회원들은 몇 년이 지난 지금까지도 원금회수는 물론이고 이자 한 푼 못 받고 있다. 경매시장에 '꾼'들이 많음을 절실히 느끼며 값진 경험을 한 것이다.

이후로 그는 내 집을 마련하기 전까지 다른 경매물건에 절대 눈길도 주지 않기로 맹세했다. 초심으로 돌아가 오로지 집 장만에만 몰두하기로 했다. 2006년에 잠원동 한신2차 아파트(79.42㎡, 법원감정가 3억 8,000만 원)가 1차(3억 400만 원) 유찰되어 있었다. 주거환경은 강남, 그중에서도 소위 '노른자'에 속했다. 한강변에 있어 투자가치도 높았다. 근저당권 3건에 가압류와 압류가 각각 1건씩으로 소유자가 거주하고 있어서 명도에도 문제가 없었다. 그는 2차 입찰에서 3억 4,000만 원에 낙찰받았다. 일부 부족한 돈은 경매대출(7,000만 원)로 해결했다. 2012년 현재 시세가 8억 8,000만 원을 호가한다. 비록 지은 지 오래된 건물이지만 교육환경이 좋아 아이들 키우기에 적합해 재건축 후에도 처분하지 않고 입주할 작정이다.

그의 성공비결은 온갖 유혹에도 흔들리지 않은 '초심'이다. 지금은 직장동료들 사이에서 한 수 가르쳐 달라는 요청에 정신없는 나날을 보내고 있다. 그의 바람은 은퇴 후에 전원생활을 할 수 있는 땅을 경매로 구입하는 것이다. 그 꿈을 위해 그는 지금도 부지런히 시장 분위기와 경매물건들을 살피고 있다.

경매 고수들은 처음에 세웠던 계획을 고수한다. 내 집 마련이 꿈이라면 그 목표를 달성할 때까지 다른 경매물건은 쳐다보지 않는다. 간혹 유혹의 손길이 달려들어도 덥석 잡지 않는다. 단지 경매를 공부한다는 자세로 확인해볼 뿐이다. 그러나 경매 하수들은 이것저것 손대다가 손해를 보기 일쑤다. 사기꾼들의 유혹에도 쉽게 넘어가 애초에 세운 계획마저 흐지부지된다. 결국 그들은 쓰라린 상처만 끌어안고 쓸쓸히 경매 시장을 떠난다.

경매 시장에는 쉽게 큰돈을 벌 수 있다며 유혹하는 사기꾼들이 많다. 바람둥이 카사노바가 여성을 유혹할 때처럼 사기꾼들도 달콤한 말만 늘어놓는다. 또한 경매 투자자들의 호감을 사기 위해 있지도 않은 개발계획을 늘어놓고 허위 정보를 만들어낸다. 그리고 적당한 때에 투자자들의 돈만 냉큼 삼키고 달아난다. 패가망신을 당하지 않으려면 초심을 잃지 말아야 한다. 경매를 하는 동안 많은 불안과 유혹이 있겠지만, 시간이 걸려도 처음 세운 목표대로 실행해야 한다.

미국 사람들이 존 F·케네디를 가장 존경하는 대통령 가운데 한 명으로 꼽는 이유는 그가 아주 뚜렷한 목표의식으로 대통령직을 수행했기 때문이다. 케네디는 항상 "정상을 생각하라. 그리고 흔들리지 말라."라고 입버릇처럼 말했다고 한다. 경매에서도 흔들리지 않는 목표의식이 중요하다. 그러나 경매 하수들은 헛된 욕심과 욕망에 목표를 바꿔버린다. 똑똑히 기억하라. 감언이설에 흔들려 초심을 내려놓는 순간, 당신의 꿈은 멀어진다. 스스로 세운 목표를 자신과의 약속이라 여기고 굳게 지켜나가자.

경매 부자들은
경제성의 원칙을 따진다

논현동에서 횟집을 하는 Y씨(56세).

그는 가난한 집안의 4남매 중 장남으로 태어났다. 고등학교 1학년 때에 아버지가 갑작스럽게 돌아가셨고, 가까스로 졸업을 할 무렵 행상을 하던 어머니마저 세상을 떠났다. 그때부터 그는 가장 노릇을 해야 했다. 동생들을 잠시 고아원에 맡기라는 친척들의 권유를 뿌리치고, 오로지 동생들과 똘똘 뭉쳐 가난을 이겨보겠다는 절박함으로 막노동판을 전전했다. 부둣가 짐꾼을 비롯해 사람들이 기피하는 허드렛일은 모두 도맡아 했다. 하지만 하루하루 어렵게 번 품삯으로는 동생들과 먹고살기에도 힘들었다. 다행히 동생들은 건강하게 잘 자라주었다. 형의 고생을 조금이나마 덜고자 새벽부터 우유배달을 하고 신문을 돌리면서도 우등생 자리를 내주지 않았다. 고달픈 일상이었지만 그는 동생들과 함께 부자가 되겠다는 꿈 하나로 버텼다.

Y씨는 우연한 기회에 경매에 관심을 갖게 됐다. 1996년 서초동 법원 앞을 지나가는데 삼삼오오 사람들이 모여 웅성대고 있었다. 경매투자자들이었다. 그때까지만 해도 그는 경매에 대해 잘 몰랐지만 호기심이 생겼다. 여전히 바쁘고 배고픈 날들이 이어졌지만 틈틈이 경매 서적을 들여다보았다. 그것이 그의 유일한 즐거움이었다. 그러다가 1년 뒤 IMF가 터졌다. 경매물건이 우후죽순 쏟아져 나왔다. 그는 경매를 본격적으로 시작하고 싶었지만 투자자들이 좀처럼 움직이지 않았기에 섣불리 나설 수 없는 노릇이었다. 나중에야 IMF가 끝나갈 무렵이 경매 투자의 적기였다는 사실을 깨달았다. 이미 때를 놓쳤지만 후회하지는 않았다. 대신 그는 부자의 꿈을 이루기 위해 열심히 노력했다.

2004년에 꾸준히 준비한 그에게 기회가 찾아왔다. 신사동에 있는 3층짜리 상가건물(대지 330㎡, 법원감정가 22억 5,000만 원)을 발견한 것이다. 3차(11억 5,200만 원)까지 유찰됐고, 2년이 넘도록 경매가 진행되고 있는 오래된 물건이었다. 채권자의 경매 연기신청과 골치 아픈 유치권(신고금액 3억 5,000만 원) 탓이었다.

그는 유치권에 대해 눈이 따갑도록 공부했기에 걱정하지 않았다. 애초부터 신중하게 접근했기 때문이다. 유치권을 해결하는 비용과 더

불어 시간과 노력까지 계산했다. 6개월 이내에 해결할 자신도 있었다. 물론 꼭 성공한다는 보장은 없었다. 시간과 비용이 더 소요될 수도 있었다. 하지만 그는 그 한계를 뛰어넘고 싶었다.

막상 경매에 나서자니 종잣돈이 너무나 초라했다. 매각기일이 가까워오면서 발만 동동 구르고 있었는데, 다행히 의사인 동생들의 적극적인 도움으로 도전할 수 있었다. 그는 4차 입찰에서 12억 6,000만 원에 낙찰받았다. 대금을 납부하고 한 달 안에 2억 8,000만 원을 부담하는 조건으로 유치권을 해결했다. 법원감정가보다 7억 1,000만 원이나 더 저렴한 가격인 15억 4,000만 원에 매수한 것이다.

현재 그는 매월 3,000만 원 정도 임대수익을 올리고 있다. 둘째 동생도 그 건물에 들어와 성형외과를 운영하고 있다. 주변시세와 공시지가를 감안해 비교해보면 건물시세가 100억 원을 호가한다. 임대수익을 제외하고 건물값만 4배 이상 올랐다. 그는 의사인 동생들보다 더 부자가 됐다.

경매 부자들은 신중하게 경제성의 원칙을 따진다. 위험비용을 비롯해 시간은 물론이고 필요한 노력까지 치밀하게 계산한다. 희망과 기대로 가슴이 벅찰지라도 그들은 절대 흥분하지 않는다. 항상 위험한 상황에 대비하고 그것을 극복하려 노력한다.

반면, 철저한 분석 없이 '감'을 믿고 무작정 덤비는 사람들은 경매 부자가 되지 못한다. 경매 하수는 유치권도 쉽게 생각한다. 단순히 해결할 수 있다는 자신감만으로 경매에 덤벼든다. 하지만 유치권은 해결하는 데 2~3년이나 걸릴 수 있다. 그들은 이에 따른 시간적·정신적 비용을 전혀 계산하지 않는다. 눈에 보이는 위험만 따져본다.

　일반적으로 유찰이 잦은 경매물건은 대항력 있는 임차인이 있거나 등기부에 드러나지 않은 권리가 숨어 있기 마련이다. 특히 상가건물은 유치권 때문에 기피물건이 되는 경우가 많다. 이는 가격을 떨어뜨리는 주원인이다. 경매 부자들은 이런 경매물건일수록 자본수익을 더 많이 낼 수 있다고 여긴다. 그러나 경매에 앞서 눈에 보이지 않는 비용까지 감안해 경제성을 따져야 한다. 예를 들어 유치권 부담금액, 명도소송 비용, 필요한 시간, 인력 등이 그것이다. 유치권 해결이 장기화되면 임대수익 감소에 따른 기회손실도 비용에 포함해야 한다.

　그러나 유치권이 있다고 해서 반드시 법에서 인정되는 것은 아니다. 만일 법에서 인정되지 않는다면 매수인의 자본수익은 급상승한다. 따라서 유치권을 당연한 손해로 생각할 필요는 없다.

　경매 부자들은 경매 시장의 경제성을 체득하며 어떠한 벽에 부딪히더라도 이를 극복하기 위해 노력한다. 그들은 경제성을 높이기 위해 비용이 가장 적게 드는 방법으로 문제를 해결한다. 예를 들어 소송이 아닌 협상을 통해 시간과 비용을 절약하는 것이다. 경매물건에 유치권이 붙어 있으면 지레 겁을 먹고 포기하는 것이 아니라, 오히려 투자의 기회로 삼는다.

《도덕경》에 "섭생攝生"이란 말이 있다. '편안함을 추구하면 몸이 나빠진다'라는 뜻이다. 다시 말해 부드러운 쌀밥보다 거친 현미밥을 먹고, 따뜻하고 배부른 것보다 조금 춥고 적당히 고생할 때 더 건강해질 수 있다는 말이다.

경매에도 이 논리를 적용시킬 수 있다. 경매 고수들은 쉽게 손에 넣을 수 있는 부동산만 선호하지 않는다. 유치권 같은 위험이 도사리는 기피물건에도 주의를 기울인다. 반면 경매 하수들은 경매시장에서 어렵다 싶으면 금방 손을 떼거나 어찌할 줄 몰라 허우적대기 일쑤다. 통행료 없는 시골의 비포장도로보다 통행료를 내야 하는 잘 닦아놓은 고속도로로 가려 한다. 그러므로 그들은 경매 시장에서 경쟁력이 떨어진다. 한계를 잘 극복해도 성공하기 힘들다.

경매 부자들은
현장에서 답을 구한다

대치동에서 입시학원을 운영하는 W씨(49세).

그는 하루 8시간 이상 강의를 하며 돈을 벌었다. 하지만 무리한 일정 탓에 건강관리가 절실했다. 그는 은퇴 후 전원생활을 하며 건강을 돌보고 싶었다. 그래서 강의가 없는 날이면 전원주택 부지를 찾기 위해 부지런히 돌아다녔다. 투자가치까지 염두에 두고 좋은 땅을 찾아 나섰다.

그러던 차에 친구의 권유로 강원도 홍천에 있는 땅(밭 1,100㎡, 1억 6,500만 원)에 투자했다. 친구는 주변에 도로가 생길 예정이므로 2~3년 내에 땅값이 올라 투자금의 2배를 벌 수 있을 것이라고 단언하면서 계약을 재촉했다. 그는 친구의 말만 믿고 투자했지만 수익은 고사하고 전원주택도 지을 수 없었다. 분묘기지권이 인정되는 10여 기의 묘지가 있었기 때문이다. 분명 실패한 투자였다. 친구만 믿고 현장에 가보지 않은 것이 실패의 원인이었다.

그때부터 그는 부동산에 더욱 관심을 두고 경매에 입문했다. 경매는 부동산을 할인점에서 파는 상품처럼 싸게 살 수 있어 매력적이었다. 그리고 시세보다 저렴하게 사서 이익을 남기고 다시 팔아 재테크의 수단이 된다고 여겼다. 그는 예전의 실수를 만회하고 더는 실패를 반복하지 않기 위해 좋은 물건이 있다고 하면 전국 어디라도 직접 달려갔다.

2009년, 강원도 횡성에 아주 괜찮은 땅(밭, 930㎡, 법원감정가 8,900만 원)이 4차(3,645만 원)까지 유찰된 것을 알게 됐다. 1㎡당 채 4만 원도 안 되는 땅이었다. 현장을 살펴보니 은퇴 후 전원주택을 짓고 텃밭을 일구며 살기에 안성맞춤이었다. 게다가 강원도에서 아주 보기 드문 아담하고 포근한 산이 땅을 병풍처럼 감싸고 있었다. 여기에 동강과 합류하는 주천강이 자태를 뽐내고 있었다.

그는 아름다운 풍경에 잠시 흥분했으나, 뜨거운 감정을 누르고 차가운 이성으로 현장을 확인했다. 문제는 도로였다. 실제로 사람이 다닐 수 있는 길이 있었지만 지적도에서는 존재하지 않았다. 공로인 큰 길과 연결하려면 약 10㎡ 정도의 땅을 추가로 매입해야 했다. 그가 공부한 바에 따르면 길이 없는 땅에 전원주택을 지을 수 없었다. 집을 짓기 위해서는 통행로를 확보해야 했다. 그는 평소 꿈에 그리던 곳을 놓칠 수 없었기에 동네를 수소문해서 그 땅의 소유자를 찾아 매도 약속을 받아놓았다. 그리고 5차 입찰에서 3,800만 원에 낙찰받았다. 그는 2011년에 전원주택을 짓고 주말마다 전원생활을 즐긴다. 주변에 전원주택이 한두 채씩 늘더니 마을이 형성되고 있다고 한다. 게다가 최고의 전원주택 마을로 입소문이 나면서 땅값도 꾸준히 오르고 있다.

　　권리분석이 끝난 물건은 반드시 현장 확인을 거쳐야 한다. 물론 경매물건에 대한 현황조사는 법원에서도 한다. 경매개시결정을 한 후 집행관에게 부동산의 현상, 점유관계, 차임 또는 보증금의 액수, 그 밖의 현황에 대해 조사하도록 명령한다(민사집행법 제85조 제1항 참조). 그러나 조사내용과 실제가 다른 경우가 많다. 그리고 현황조사가 잘못됐다고 해도 그 피해는 오로지 매수인의 것이다. 집행관은 물론 법원도 책임을 지지 않기 때문이다. 더군다나 공부상에 나타나지 않은 권리가 얼마든지 발생할 수 있기 때문에 현장 방문도 하지 않고 잘못 낙찰을 받으면 손해는 당연하고 다른 부동산으로 교체할 수도 없다. 경매물건이 아무리 좋고 완벽한 권리분석으로 낙찰받았다 해도, 경매물건에 도로가 없거나 법정지상권 등이 있다면 손해를 볼 가능성이 커진다. 그러므로 반드시 현장을 방문해 현황평가서의 내용과 실제 부동산이 일치하는지 확인해야 한다.

현장을 방문하면 가장 먼저 땅의 모양을 확인해야 한다. 지적도에 나타난 대로 도로가 있는지, 경계표시는 확실한지 분명하게 대조해봐야 한다. 그리고 땅의 경사도가 15도 이상이거나, 심어져 있는 나무들의 수령이 30년 이상 된 임야는 피해야 한다. 경사도가 심하면 인허가를 받기가 힘들 뿐만 아니라, 공사비가 많이 들어가기 때문이다. 또한 나무의 수령이 오래될수록 형질변경허가를 받기를 힘들다.

토질이나 토사, 자갈, 암반 지역인지도 확인해야 한다. 좋은 땅의 토질은 부드럽고 황토색을 띠며, 토사가 20~30퍼센트 정도 섞여 있다. 하지만 자갈이나 암반이 있는 곳은 피해야 한다. 주택을 짓거나 농사를 지을 때 땅을 파기가 힘들기 때문이다. 천재지변이나 자연재해로부터 피해를 입지 않으려면 강이나 저수지, 하천과 어느 정도 거리를 둔 곳이 적당하다.

중국의 마오쩌둥은 "나는 전략서를 읽지 않는다. 전쟁터에서는 책이 필요 없기 때문이다."라고 했다. 시시각각 급변하는 전장을 전법에만 의존하여 해결할 수 없기 때문이다. 경매도 이론만으로 논할 수 없다. 현장에 나가야 답을 찾을 수 있다.

경매 고수들은 알고 있는 것을 늘어놓는 탁상공론만으로 결정을 내리지 않는다. 현장은 뒷전으로 미뤄두고 좋은 물건을 찾으면서 자료만 뒤적거리는 하수들과 근본적으로 다르다. 경매 하수들은 좋은 물건을 찾으면 오로지 공부에 의지하고, 공부만 살피고, 공부에서 길을 찾고 답을 구한다. 권리분석이 경매에서 유리한 열쇠라고 생각한다.

경매 부자가 되고 싶으면 권리분석이 완벽하다 해도, 아무리 저렴한 물건이 눈앞에 아른거린다 해도, 반드시 현장 확인을 거쳐야 한다. 경매 고수들은 권리분석이 아닌 현장에서 답을 찾는다는 사실을 명심하라.

| TIP

전원주택 부지를 고를 때

전원주택 부지에서 무엇보다 고려해야 할 점은 전망이다. 부지 주변으로 펼쳐지는 풍경이 아름다운 지역을 선택해야 한다. 그리고 지형과 향(向)을 잘 살펴야 한다. 부지가 산악지형이고 겨울이 긴 지역이라면 햇볕이 잘 드는 땅을 골라야 한다. 전원생활에 불편함이 없도록 편의시설은 물론이고 교통여건 등도 잘 따져봐야 한다.

경매 부자들은 겉만 보고
판단하지 않는다

구로동에 사는 S씨(51세).

그는 2006년에 종잣돈 3억 5,000만 원에 맞춘 물건을 찾다보니 생각만큼 좋은 물건을 보기가 쉽지 않았다. 그러던 중 인천대학교 주변에 3층짜리 여관(대지 350㎡, 법원감정가 3억 2,000만 원)이 경매로 나온 것을 발견했다. 2차(2억 480만 원)까지 유찰되어 있었다. 여관은 허름하다 못해 정상적으로 영업하기도 힘들어 보였다. 하지만 낡은 건물을 새로 고쳐 용도를 변경하면 괜찮을 것 같았다. 더욱이 대학가 주변지역이라 임대 수요가 풍부해보였다. 여관을 원룸으로 바꾸는 용도변경과 이에 따른 건물 수리비용까지 꼼꼼히 따져봐도 확실히 매력적이었다.

S씨는 며칠을 고민한 끝에 여관을 매수하기로 했다. 건물 용도변

경에 문제가 없음을 확인하고 3차 입찰에서 2억 1,000만 원에 낙찰받았다. 소유권이전등기를 마치자마자 여관을 원룸으로 바꾸는 공사를 시작했다. 일부 벽체를 보강하고 전기시설을 비롯해 바닥과 창을 전부 교체했다. 젊은 대학생들의 기호에 맞게 가구와 냉장고, 에어컨을 새로 들여놓고 샤워부스까지 만들었다. 건물 외관도 산뜻하게 단장했다. 지하실에는 세입자들이 공동으로 이용할 수 있도록 체력단련실을 갖춰놓았다. 총수리비 1억 5,000만 원을 들여 원룸 20개를 만들었다.

그리고 현재 월 600만 원(원룸 당 보증금 300만 원, 월세 30만 원)의 임대수익을 올리고 있다. 당시 매수비용과 건물 수리비용을 합쳐 3억 6,000만 원이 소요됐는데, 임대보증금을 받아 투자금액 6,000만 원을 회수했다. 지금은 투자금액 대비 임대수익률로 따져보면 연 24퍼센트의 수익률을 내고 있다. 건물 가치도 꾸준히 상승해 자본수익이 2배가 넘는다. 예상대로 임대수요도 꾸준하다.

경매 부자들은 물건만 보고 투자 여부를 판단하지 않는다. 다각도로 부동산을 살펴보며 투자가치를 찾아낸다. 오래되고 허름한 경매물건을 바꾸고 고쳐 수익을 만들어낸다. 건물을 수리할 때 벽지나 장판을 바꾸는 등 눈에 보이는 부분만 교체하는 것이 아니라, 신축 건물처럼 기둥과 벽체부터 튼튼하게 보강한다. 그런 다음에 내부시설이나 인테리어를 바꾼다. 이로써 임대수익뿐만 아니라 자본수익까지도 극대화한다. 반면 경매 하수들은 수리비 걱정에 오래되고 허름한 부동산은 쳐다보지도 않는다. 애물단지가 보물단지로 바뀔 수 있음은 상상도 하지 못한다.

부동산을 경매로 사들인다고 해서 무조건 돈을 벌 수 있는 것은 아니다. 해당 부동산의 가치를 살려 어떻게 바꾸느냐에 따라 수익성이 달라진다. 그러므로 대학가 상권을 비롯해 지하철 역세권, 오피스 상권 같은 주변지역의 경매물건은 유심히 살펴봐야 한다. 임대수요가 풍부한 지역의 건물을 잘 활용하면 큰 수익을 얻을 수 있기 때문이다. 경매 고수들은 얼마 되지 않는 차익을 챙기기 위해 낙찰받은 부동산을 그냥 되파는 일은 하지 않는다. 오래되고 낡은 부동산도 맛깔스럽게 요리할 줄 안다. 안정적인 수익형 건물로 개조하여 새롭게 가치를 올린다. 그러나 용도변경을 한답시고 어설프게 리모델링을 하진 않는다. 돈을 아끼고자 얄팍한 술수를 쓰지도 않는다.

그러나 경매 하수들은 전체를 보지 못하고 눈앞에 있는 일부만 본다. 오래된 건물을 용도변경을 하거나 수리할 때 비용을 최소화하기 위해 건물 일부만 고치는 경우가 있는데, 이는 암환자가 제거해야 할 암세포를 도리어 키우는 것과 같다. 노후화된 건물은 언제든 수도관이 터져 누수가 되거나 전기합선 같은 사고가 일어날 수 있어 계속 문제를 일으킬 수 있기 때문이다.

고대 인도의 정치가인 카우틸랴Kautilya는 "적을 남겨두면 다 낫지 않은 병이나 완전히 꺼지지 않은 불처럼 다시 기세등등해질 수 있다. 당장 적이 약하고 움직이지 않는다고 해서 무시해서는 안 된다. 건초 더미에 붙은 불꽃처럼 금세 위험한 존재가 될 수 있다. 그러므로 그 세력을 완전히 뿌리 뽑아야 한다."라고 했다. 부동산도 비용을 아끼기 위해 일부만 임시방편으로 고쳤다가는 더 큰 대가를 치러야 하는 수가 있으므로 낡은 건물은 신중하게 보수해야 한다.

TIP

투자가치가 높은 경매물건을 고르는 법

첫째, 오래된 건물이라도 땅 지분이 많을수록 좋다. 차량 출입이 편리해야 하며 지역의 주차공간이 확보돼야 한다. 둘째, 땅의 모양이 부정형이거나 땅이 급경사지에 있어 붕괴 위험이 상존하는 지역은 피하는 것이 좋다. 반면에 허름하더라도 마을을 한눈에 볼 수 있는 언덕에 위치해 조망권 좋은 부동산은 투자가치가 좋다. 셋째, 주변환경을 빠짐없이 확인하여 유해시설을 비롯해 혐오시설이 없는 것을 선택한다. 넷째, 허름한 건물이면 수리비를 감안해야 하며 용적률과 함께 장기적으로 건물을 신축하게 될 경우에 인·허가에 문제가 없는지 확인한다.

경매 부자들은 배수진을 치고 경매에 임한다

천안에 사는 D씨(39세).

그녀는 신혼 초에 맞벌이를 했지만, 아이 둘을 낳고 일을 그만두었다. 그러나 남편이 혼자 버는 월급으로 아이들을 키우며 생활하기에는 너무나 빠듯했다. 은퇴 이후를 생각하면 가슴이 더욱 답답했다. 하루빨리 종잣돈을 모아 재테크를 해야겠다는 마음이 굴뚝같았지만 무엇부터 시작해야 할지 막연했다. 심지어 아무 준비도 하지 않은 자신이 한심하게 느껴졌다. 사는 게 바쁘다는 핑계로 앞날을 준비하지 못하고 있었던 것이다.

2007년 어느 날 퇴근하고 집에 돌아온 남편의 손에 들려 있던 경매 책 한 권이 그녀의 인생을 바꿔놓았다. 당시 그녀는 권리분석이 무엇인지도 몰랐지만 마치 귀신에 홀린 듯 경매에 빠져들었다. 경매 부자에 대한 절박함이 샘솟듯 일어나기 시작한 것이다.

그녀는 경매 서적들을 탐독하면서 좋은 물건을 물색했다. 가진 돈이라고는 3,500만 원이 전부였지만, 그녀는 소심하게 물러나지 않았다. 처음에는 소액 물건에만 관심을 둘 수밖에 없었다. 하지만 점점 대담하게 경매물건을 찾아 나섰다. 2008년에 3차(2,150만 원)까지 유찰된 천안의 작은 과수원(450㎡, 법원감정가 4,200만 원)이 눈에 띄었다. 권리관계는 가압류 1건으로 무척 간단했다. 그녀는 최소한 5년 이상 투자할 작정으로 바쁘게 움직였다. 중개업소를 통해 매매시세를 확인해봤더니 적어도 6,000만 원의 가치가 있다고 했다. '계획관리지역'으로 개발가능성이 가장 많은 토지였다. 그녀는 배수진을 쳤다. 경매는 처음이었지만 실패든 성공이든 다 받아들이겠다는 마음으로 도전한 결과, 4차 경매에서 2,300만 원에 낙찰받을 수 있었다.

소유권이전등기를 마친 지 1년이 조금 지나자, 이전 소유자가 되팔라며 연락을 해왔다. 선친으로부터 상속받은 과수원의 일부인데 보증을 선 게 잘못되어 경매처분하게 됐다는 것이다. 사정을 들어보니 딱하기도 해서 그녀는 매수가보다 5,000만 원을 더 받고 팔았다. 세금을 감안하고도 2,000만 원 정도 이익을 남겼다.

그녀는 이후에도 천안, 아산 지역을 중심으로 소형 아파트 등을 경매로 매수했다. 한 번 실패한 경험도 있지만 이후 좌절하지 않고 2건의 경매를 성공하여 약 1억 5,000만 원의 수익을 올렸다. 평범한 주부의 과감한 첫 도전이 그녀를 경매 고수로 거듭나게 했다. 그녀는 점차 부자의 길을 향해 가고 있다.

모든 경매 부자들이 여유 속에서 탄생하는 것은 아니다. 대부분은 미래에 대한 꿈과 절박함에 배수진을 치고 경매에 임한다. 경매에 한두 번 실패했다 해도 이를 극복하고, 절대 실패의 바이러스에 감염되지 않는다. 그러나 경매 하수들은 '성공하면 좋고, 실패하면 할 수 없지'라며 우유부단과 체념 사이를 수시로 오고간다. 그들에게서 절박함을 찾아볼 수 없다. 경매를 단지 운에 달려 있다고 여길 뿐 모든 에너지를 쏟아 매달리지 않는다. 간절한 마음으로 모든 상황을 고려하지도 않는다. 오로지 경험 삼아 실패를 받아들이는 경우가 많다.

일본의 사무라이 야마모토 쓰네토모山本常朝는 《하가쿠레》에서 "사무라이의 길은 절박함 속에 있다. 열이나 열을 넘는 자들도 그러한 사람 하나를 죽이지 못한다. 상식으로는 위대한 일을 이루지 못한다. 절박해져라."라고 충고했다. 아무리 종잣돈이 많다 해도, 경매 지식이 풍부해도, 절박함이 없으면 성공할 수 없다. 경매에 임할 때마다 절체절명의 순간이라 여기고, 모든 에너지와 힘을 쏟아라.

우리나라는 땅을 크게 4가지로 용도로 나누어 관리하고 있다.

도시지역, 관리지역, 농림지역, 자연환경보존지역이 그것이다. 이중에서 관리지역은 어느 정도 개발가능성이 있는 곳이다. 도시보다 상대적으로 땅값이 저렴하기 때문에 투자자들의 관심이 많다. 관리지역은 다시 토지의 성질과 적성을 감안해 계획관리, 생산관리, 보전관리지역의 3개 지역으로 세분화된다. 계획관리지역은 체계적으로 개발을 계획하는 곳을 말하며, 생산관리지역은 농업을 비롯해 임업과 어업 등 농수산물의 생산활동에 대한 지원을 염두에 둔 곳이다. 다른 곳에 비해 상대적으로 투자가치가 떨어진다. 보전관리지역은 산림이나 수질, 생태계 등의 관리를 위해 보전해야 하는 곳이다. 한마디로 투자가치가 없다. 결론적으로 개발가능성이나 투자가치로 보면 계획관리지역이 가장 좋으며, 보전관리지역이 가장 떨어진다.

따라서 경매 고수들은 '계획관리지역'으로 지정된 토지만 노린다. 한편 땅에 투자하려면 여유자금으로 해야 한다. 또한 환가에 어려움이 많기 때문에 단기투자가 아닌 장기투자를 해야 한다. 성질이 급한 투자자라면 부동산보다 주식시장이 더 낫다.

경매 부자들은
선택과 집중의 달인이다

방배동에 사는 전업주부 K씨(55세).

그녀는 남편이 정년퇴직을 3~4년 앞둔 2003년, 은퇴 이후를 생각해 매월 일정 수입을 챙길 수 있는 수익형 부동산에 관심을 두기 시작했다. 시간이 날 때마다 동네 부동산 중개업소를 기웃거렸다. 덕분에 좋은 정보를 많이 얻을 수 있었다. 그러던 어느 날 그녀의 아랫집 (280㎡, 법원감정가 7억 5,000만 원)이 경매로 나왔다는 정보를 입수했다. 외국인에게 임대를 놓던 빌라로, 집주인이 월세(300만 원)를 2년 치나 한꺼번에 받았다고 자랑하던 집이었다. 그녀는 경매가 쉽지 않다는 이야기를 듣기는 했어도 솔깃했다. 그 빌라는 3차(3억 8,400만 원)까지 유찰되어 시세보다 3억 2,000만 원이나 가격이 떨어진 상태였다. 물건에는 대항력 있는 세입자를 비롯해 근저당권 2건, 가압류 4건의 권리가 붙어 있었다. 그녀는 권리분석 따위는 몰랐지만 그 정도 월세라면 노후를 대비하는 데 충분할 것 같아 욕심이 났다.

목마른 사람이 우물 판다고, 그녀는 우선 인터넷 검색을 통해 경매에 대해 알아봤다. 경매로 부동산을 싸게 살 수 있지만 권리분석이 어려워 손해를 볼 수도 있다는 것이 대부분의 의견이었다. 그녀의 남편도 그동안 모아둔 돈까지 날릴 수 있으니 절대 하지 말라고 말렸다. 그녀도 처음에는 많이 망설였지만 외국인들이 선호하는 빌라이기에 포기하기 무척 아까웠다. 긴 고민 끝에 경매가 아무리 어렵다 한들 아주 못하겠나 싶은 생각에 그녀는 과감히 도전해보기로 했다. 하지만 아무리 경매 책을 들여다봐도 갑갑했다. 무슨 말인지 당최 알아들을 수가 없었다. 매각기일을 비롯해 채권자는 물론이고 채무자, 이해관계인, 매수인 같은 용어들만으로도 골치가 아팠다. 권리분석은 더더욱 어려웠다.

K씨는 전문가를 찾아가 자문을 구했다. 많은 조언을 두 마디로 요약할 수 있었다. "경매는 철저하게 매수인 입장에서 단순화하라." 그리고 "모든 힘과 에너지를 한 곳으로 집중하라."는 것이었다. 경매는 많은 관계인들 간에 심각한 이해가 얽혀 있기 때문에 서로 한 치의 양보 없는 전쟁터나 다름없다.

그녀는 이것저것 들쑤시기보다 하나에 집중하기로 했다. 매수인이 꼭 알아야 하는 것들만 익히고, 매수인 입장에서만 생각하기로 한 것이다. 권리분석도 매수인 입장에서 단순화했다. 예를 들어 근저당권에 대해 어렵기만 한 법률적인 내용을 이해하려고 애쓰는 대신, 기준권리 중 하나이며, 경매로 무조건 소멸되기 때문에 매수인에게는 전혀 피해를 주지 않는 권리로 정의했다.

그녀는 각고의 노력 끝에 권리분석의 벽을 넘어 4차 입찰에서 그 집을 4억 500만 원에 낙찰받았다. 권리분석을 잘 몰랐을 때와 달리 매수인이 인수하는 권리가 하나도 없었다. 대항력 있는 세입자도 겉으로 보기에는 매수인이 부담해야 하는 권리였지만, 확인해본 결과 그렇게 하지 않아도 됐다. 법에서 전세보증금이 아닌 월세는 보호대상이 아니기 때문이다. 외국인 세입자가 전세보증금이 아닌 2년 치 월세(7,200만 원)를 배당요구했지만, 경매가 진행되는 동안 2년의 계약기간이 끝나고 말았다. 결국 따로 부담해야할 것이 없는 셈이었다.

당시 그녀가 빌라를 싸게 사들일 수 있었던 것은 중대형 고급빌라가 소형에 비해 수요가 적었던 이유도 있다. 더군다나 빌라는 아파트보다 인기가 없어서 경매로 나오기만 하면 맥없이 유찰되기 일쑤였다. 대항력 있는 외국인 세입자의 덕도 봤다. 그녀는 소유권이전등기를 마치고 같은 외국인 세입자에게 동일한 조건으로 임대했다. 2005년에는 논현동에 있는 소형아파트(52.82㎡, 2차 매수가격 1억 6,000만 원) 한 채를 경매로 장만해 매월 130만 원의 월세 수입을 올리고 있다.

독일의 시인 괴테는 "힘이 분산되지 않도록 주의하라. 또한 한 곳에 집중되도록 끊임없이 노력하라. 천재는 다른 사람들이 하는 것을 보고 무엇이든 할 수 있다고 생각하지만, 어떤 경우든 무분별한 소모에 대해서는 반드시 후회할 날이 온다."라고 했다.

일반적으로 부동산 경매란 법원이 법에 따라 금전 지급을 목적으로 채무자(돈을 빌린 사람)의 부동산을 매각해 현금화한 후 배당이라는 절차를 통해 채권자(돈을 빌려준 사람)를 만족시켜주는 것이다. 즉, 경매에는 채권자를 비롯해 채무자, 소유자, 매수인, 기타 이해관계자 등이 얽혀 있다.

경매 고수들은 이런 복잡한 상황 속에서 오로지 매수인 입장에서만 생각한다(예를 들어 채권자에 속하는 배당절차에 대해서는 알려고 하지 않는다). 모든 이론과 상식을 알 수 있다면 좋겠지만, 꼭 그럴 필요는 없다. 경매의 핵심을 파악하고 최선을 다해 노력하는 것이 중요하다. 꼭 알아야 하는 것, 필요한 것에 시간과 에너지를 집중하는 것이 경매 부자가 되는 지름길이다.

| TIP

외국인도 주택임대차보호법의 보호를 받을 수 있다.

다만 우리나라 사람들이 전입신고 등을 통해 대항력을 갖추듯이 적법한 절차를 마쳐야 한다. 해당 조건을 갖추면 보증금을 안전하게 지킬 수 있는데, 몇 가지 법률적인 조건이 붙는다. 우선 법에서 정하는 체류자격, 유효한 여권 또는 선원수첩과 법무부장관이 발급한 사증이 있어야 한다. 또 입국한 날로부터 90일 이내에 출입국관리소에 외국인등록을 마쳐야 한다. 체류지를 변경한 때에는 신체류지에 전입한 날로부터 14일 이내에 외국인등록을 변경해야 한다 (출입국관리법 제36조 참조).

경매 부자들은
한 방을 노리지 않는다

잠실에 사는 K씨(33세).

그는 낮에는 중 · 고등학교 앞에서 떡볶이를 팔고, 밤이면 경매 투자자로 변신한다. 아직 미혼으로 결혼 전까지 경매로 10억 원을 모으는 것이 목표다. K씨가 이런 목표를 세운 데에는 특별한 이유가 있다.

그는 28살에 대학을 졸업하자마자 취업전선에 뛰어들었다. 부푼 희망을 안고 대기업을 비롯해 지방에 소재한 중소기업까지 300개가 넘는 회사에 입사지원서를 넣었지만 번번히 떨어졌다. 좌절을 넘어 고통의 연속이었다. 말이 취업 준비생이지, 참담한 백수나 다름없었다. 무엇보다 묵묵히 응원해주는 부모님과 동생들에게 미안한 마음이 들어 쥐구멍이라도 있으면 들어가 숨고 싶었다. 대학을 다닐 때보다 술을 더 많이 마셨다. 시작도 해보지 못하고 끝없이 추락하는 느낌이었다. 하루하루 절망에 지쳐가던 어느 날, "아들! 난 너를 믿는다."라는 어머니의 한마디에 정신이 번쩍 들었다. 취업이 전부가 아니라는 생각에 이미 써놓은 이력서 뭉치를 휴지통에 넣으며 창업을 결심했다. 그리고 고민한 끝에 소자본으로도 창업이 가능한 '떡볶이 사업'을 하기로 했다. 남녀노소 누구나 좋아하는 간식이고, 계절에 영향을 받지도 않기 때문이었다.

그는 창업을 위해 6개월가량 준비했다. 요리학원을 다니며 자신만의 비법을 만들기 위해 소문난 맛집을 찾아다녔다. 고정비용이 많이 드는 상가를 임차하는 대신 중고 소형트럭을 개조해 어느 곳에서든 영업을 할 수 있는 이동식 떡볶이 가게를 준비했다. 개업 첫날부터 준비한 200인분 떡볶이가 다 팔렸다. 여러 중·고등학교를 오가며 장사를 했다. 학생들 사이에 맛있다는 소문이 돌면서 매출이 계속 늘었다. 정확히 1년 만에 3,700만 원을 벌었다. 말 그대로 대박이었다.

하지만 장사가 잘되고 종잣돈이 차곡차곡 쌓일수록 그의 마음은 왠지 모르게 허전했다. 가끔씩 말쑥하게 양복을 차려 입은 회사원들을 보고 있으면 허전함을 넘어 맥없이 어깨가 처졌다. 그들이 부러웠다. 돈은 벌고 있었지만 그의 마음속에 채워지지 않는 무엇인가가 맴돌았다. K씨는 또 며칠간 고민에 빠졌다. 그리고 비록 회사원으로서 출세를 바랄 수는 없지만 길바닥에서 온몸으로 버는 돈을 잘 관리해 부자가 되고자 결심했다.

그는 통장 개수가 점점 늘어나자 부동산 경매에 관심을 갖게 되었다. 영업을 마치면 언제나 경매 책에 빠져들었고, 휴일에는 경매 특강을 찾아 청강을 했다. 그는 부동산을 매매시세보다 싸게 살 수 있을 뿐만 아니라, 소액으로도 투자할 수 있다는 점에서 경매의 매력을 느꼈다.

K씨는 사업을 시작할 때 그 이상으로 경매 투자에 신중을 기했다. 5,000~6,000만 원 미만인 소액 경매물건에만 투자하기로 스스로 원칙도 세웠다. 큰 것보다 작은 것에 투자하기로 한 것이다.

2009년에 경기도 파주에 있는 아파트(전용면적 69㎡, 법원감정가 9,800만 원)를 발견했다. 전철역에서 3분 거리에 있고 4차(5,018만 원)까지 유찰되어 있었다. 주변 전세시세만 해도 5,500~6,000만 원이었고, 매매시세는 1억 1,000만 원을 호가했다. 권리관계는 근저당권 2건, 가압류 3건으로 경매로 모두 소멸되는 권리였다. 그런데 '대지권 미등기' 물건이었다.

경매에 나오는 집합건물(아파트나 연립주택 등) 중 '대지권 없음', '대지권 미등기'라고 표시되어 있는 물건들이 있다. '대지권'은 집합건물의 구분소유자가 전유부분을 소유하기 위해 건물의 대지에 대해 가지는 권리를 말하며 건물과 분리해서 처분할 수 없다(부동산등기법 제42조 참조). 우선 조심해야 할 물건 중에는 처음부터 아파트 소유자에게 대지권이 없는 경우가 있다. 대지권이 없는 아파트는 대지권 소유자로부터 본인의 의사와는 상관없이 매도청구를 당하면 소유권을 상실할 수 있다. 이때 건물에 대한 소유권을 지키기 위해서는 추가로 대지권을 매입해야 한다.

반면에 걱정하지 않아도 되는 물건도 있다. 아파트 소유자가 대지에 대한 사용권을 보유하고 있지만 해당 지역의 도시개발사업 또는 재개발사업지구로 아직 토지가 분할되지 못한 경우다. 개발사업에 따른 환지 또는 합필 등의 절차가 마무리되면 아파트 소유자가 대지권을 취득할 수 있기 때문이다. 따라서 '대지권 없음', '대지권 미등기'가 붙은 물건의 경매에 참여한다면 반드시 대지사용권이 있는지 살펴봐야 한다.

K씨는 전문가에게 자문을 구하여 경매에 참여해도 문제가 없다는 답변을 듣고 5차 입찰에서 5,500만 원에 낙찰받는 데 성공했다.

소유권이전을 마치고 6,000만 원에 전세를 2년간 놓다가 9,500만 원에 처분했다. 경매에 투자한 돈은 전세를 놓으면서 전부 회수했다. 시세보다 싸게 팔았지만 결과적으로 세금과 비용을 감안하고도 2,500만 원 정도의 수익을 얻었다. 물론 그는 한 번의 경매로 만족하지 않았다. 그는 계속해서 1년에 한두 건 정도 계속 경매에 도전하고 있다. 낮에는 청년 사업가로, 밤엔 경매 투자자로서 성공을 향해 한 계단씩 차근차근 오르는 중이다.

경매 물건은 단순한 것 같지만 무척 종류가 다양하다. 최저입찰가격이 100만 원 이하인 것부터 수백억 원이 넘는 것들도 있다. 경매 하수들은 자신만의 원칙이 없이 한 몫 잡아보겠다는 생각뿐이다. 오로지 한 방만을 쫓는다. 그래서 작은 물건은 거들떠 보지도 않는다.

하지만 경매 부자들은 자신만의 확실한 원칙이 있다. 결코 거창하거나 화려하지 않다. 또한 한 방을 노리지 않는다. 크기에 상관없이 알토란 같은 물건들에 정성을 쏟는다. 그것들이 부자로 만들어준다는 것을 잘 알기 때문이다. 당신도 경매 부자가 되고 싶다면 큰 것보다 작은 물건부터 도전하라!

▌TIP

대지사용권이란?

대지사용권은 건물부분을 소유하기 위해 건물에 대하여 가지는 권리를 말한다(집합건물의 소유 및 관리에 관한 법률 제4조 참조). 경매물건의 법원 감정가격이 대지와 건물에 대해 구분되어 평가 받았다면 대지사용권이 있다. 즉, 대지권이 있는 것으로 간주할 수 있다. 참고로 신규로 분양하는 아파트의 경우, 분양계약서 및 분양대금을 납부한 내역서에 대지에 대한 분양가격이 포함되어 있으면 대지권이 있는 것으로 보면 된다.

경매 부자들은
길 없는 땅에 길을 만든다

서울에서 초등학교 교사를 하다 퇴직한 A씨(66세).

그는 세 자녀가 모두 결혼해 손주까지 보았다. 자식 걱정도 없고 건강하며 친구들이 부러워하는 인생 제2막을 살고 있다. 그는 교직에서 은퇴했지만 하루하루가 바쁘다. 그는 평소 땅에 관심이 많아 소일거리 삼아 경매를 시작했는데, 지금은 경매 할아버지로 동네의 유명 인사다.

A씨는 다른 사람들과 달리 공부(등기부 등)에 매달리지 않았다. 시간이 날 때마다 어디든지 현장을 쫓아다녔다. 그렇게 전국으로 발품을 팔기를 1년, 충북 음성에 있는 농지(밭 540㎡, 법원감정가 4,300만 원)가 4차(1,761만 원)까지 유찰된 것을 찾아냈다.

A씨는 지체하지 않고 권리분석에 들어갔다. 경매가 4차까지 유찰된 데에는 분명한 이유가 있었다. 권리관계를 살펴보니 엉망이었다. 기준권리인 근저당권보다 먼저 지상권이 설정되어 있었다. 지상권은 매수자가 인수하는 권리였다. 여기에 지목이 밭이지만 길이 없는 맹지(盲地)여서 아무도 거들떠보지 않았다. 공부상으로는 투자가치가 없어 보였다.

그러나 그는 단숨에 현장으로 내려갔다. 직접 두 눈으로 확인하고 싶었기 때문이다. 음성은 중부고속도로를 통해 서울에서 1시간 10분이면 충분했다. 그리고 평택과 삼척을 잇는 동서고속도로가 한창 공사 중이어서 교통환경이 매우 좋았으며, 공장이 하나둘씩 세워지고 있었다. 이를 증명이라도 하듯 지난 10년 동안 인구가 1만 명 이상 증가했다. 땅 수요가 많은 곳이 분명했다.

현장을 살펴보니 작은 땅이었지만 꽤 쓸만했다. 다행히 선순위 지상권자가 기준권리가 되는 1순위 근저당권자인 은행이었다. 지상권이 앞서 설정되어 있었지만 근저당권과 날짜가 같았다. 매수인이 부담하지 않아도 되는 권리인 셈이었다. 문제는 땅을 사용할 수 있는 길이 없다는 점이었다. 길만 낼 수 있다면 투자가치가 충분하다고 판단했다.

A씨는 전문가를 찾아가 길이 없는 땅에 대한 자문을 받고나서 경매에 참여하기로 결정했다. 전문가는 공로로 나가기 위한 '길'을 확보하기 위해서는 주변의 토지소유자로부터 '토지사용승락' 또는 '지역권'

을 설정하거나 토지를 매수하는 방법이 있다고 조언해주었다. 그는 토지소유자와 협의가 되지 않을 경우 법에 호소하는 방법에 대해서도 자문을 받았다(주위토지통행권을 이용해 길을 내는 방법이다).

A씨는 5차 경매에 참여해 5명의 경쟁자를 물리치고 2,200만 원에 낙찰받았다. 다행히 주변의 토지소유자와 합의가 잘되어 '토지사용승락'을 받아 길을 내는 데도 성공했다.

얼마 후 인근 읍내 중개업소에서 5,000만 원에 팔라고 제의를 해왔다. 매도하면 각종 비용을 공제하고도 2,000만 원 정도의 시세차익을 얻을 수 있었지만 그는 단호히 거절했다. 공장이 계속 들어서고 있었고, 동서고속도로가 개통이 되면 땅값이 더 오를 것이라는 확신이 있었기 때문이다.

그는 이후에도 길 없는 땅만 6건을 더 경매로 매수했다. 그리고 소유권을 이전한 후 길을 내어 땅의 투자가치를 쑥쑥 키워 놓았다.

경매 고수들은 길이 없는 땅도 길이 있는 땅으로 여긴다. 주변의 토지소유자와 부딪치고 협상하며 길을 뚫는다. 경매에 참여할 때부터 길을 만들 수 없다는 생각은 하지 않는다. 투자가치가 없어 보이는 맹지도 그냥 포기하지 않고 길을 만들어내 투자가치를 높인다. 최악의 경우 협의가 안 되어 길을 만들 수 없을 경우에는 법에 호소해 길을 만들기도 한다. 그러나 길이 없다고 무조건 쓸모없는 땅으로 여기는 경매 하수들은 당연히 미래의 투자가치를 알아채지 못하고 허무하게 날려버리고 만다. 경매 고수가 되려면 길이 없는 땅에도 관심을 가져라.

알고 보면
어렵지 않은
권리분석

기준권리는
무조건 소멸한다

강남역 주변에서 일식당을 운영하는 H씨(63세).

그는 은퇴 후 음식점을 해볼 요량으로 요리사 자격증까지 재직 중에 미리 준비했다. 2004년에 퇴직 후 3억 2,000만 원으로 일식당 자리를 임차하기 위해 동분서주했다. 하지만 임대료가 터무니없이 비쌌다. 목이 좀 괜찮다 싶으면 권리금만 해도 1~2억 원이나 했다. 임대보증금을 비롯해 권리금과 시설비 등 모두 4억 5,000만 원 정도는 있어야 창업이 가능해 보였다.

한창 고민하고 있을 때, "여보, 경매로 점포를 장만하면 어떨까요?"라는 아내의 금쪽같은 한마디가 해결의 실마리를 열어 주었다. 그도 경매를 통해 부동산을 시세보다 싸게 구입할 수 있다는 것쯤은 알고 있었다. 그러나 사람들이 하나같이 권리분석이 어렵다고들 하는 바람에 쉽게 경매에 나서지 못했다. 그는 과연 해낼 수 있을까 겁이 났지만 실패해도 괜찮으니 도전해보자는 아내의 격려에 힘입어 경매에 발을 들여놓았다.

경매 공부에 재미를 붙이던 2006년, 강남역 대로변에 위치한 빌딩 지하 1층의 상가점포(162㎡, 법원감정가 4억 1,000만 원)가 2차(2억 6,240만 원)까지 유찰된 것을 알았다. 법원의 현황조사에 따르면, 사무용 문방용품을 판매하는 점포였다. 등기부의 권리는 근저당권 3건을 비롯해 가압류 3건, 가처분 1건 등 모두 7건이 붙어 있었다.

H씨는 곧바로 현장으로 달려갔다. 세입자를 만나 자세한 이야기를 들어보니 경매로 나오기 5개월 전부터 월세가 밀렸다고 했다. 그만큼 장사가 안 되다 보니 강남 대로변에 있음에도 아무도 거들떠보지 않았다. 그는 비록 상권이 죽어버린 지하상가이지만 주변에 회사가 많으므로 직장인들을 끌어들이면 된다고 판단했다. 퇴근 후 간단하게 저녁식사를 하면서 술 한 잔 할 수 있는 선술집(일식당)을 하면 충분히 가능성이 있다고 확신했다.

그는 지하상가에 대한 현장조사를 마치고 권리분석에 나섰다. 우선 공부한 대로 기준권리부터 확인했다. 경매에서 기준권리는 권리분석의 아주 중요한 잣대다. 이를 기준으로 권리들의 생사生死가 결정되기 때문이다. 기준권리만 찾으면 권리분석은 매우 쉽게 끝낼 수 있다. 각각의 권리에 대한 의미까지 알면 좋겠지만, 잘 몰라도 권리분석을 하는 데 지장이 없다.

기준권리의 종류에는 근저당권(저당권), 압류(가압류), 담보가등기, 경매개시결정등기가 있다. 여기서 등기일자가 가장 빠른 것이 해당 경매물건의 기준권리가 된다. 기준권리보다 앞선 권리는(지상권, 지역권, 가등기, 가처분, 환매등기 등) 매수인이 인수해야 한다. 기준권리 이후에 설정된 권리(지상권, 지역권, 가등기, 가처분, 환매등기 등)는 경매로 소멸되기 때문에 매수인이 부담하지 않는다. 단, 원인무효를 다투는 후순위 가처분인 경우에는 소송의 결과에 따라 매수인이 인수할 수도 있다.

해당 경매물건의 경우 기준권리는 근저당권이었다. 이후에 설정된 2·3순위 근저당권을 비롯해 가압류 3건, 가처분 등은 모두 소멸되는 권리였다. 매수인이 인수하는 권리는 단 한 건도 없었다.

H씨는 3차 경매에서 2억 7,200만 원에 점포를 낙찰받았다. 그동안 장사가 잘 안 됐기 때문에 세입자에게 200만 원의 위로금을 주고 명도를 했다. 7,000만 원을 들여 선술집으로 내부를 바꾸고 주방용품을 장만했다. 그리고 사업자등록증을 내고 일식당을 열었다.

2012년 현재 H씨 부부는 월요일부터 금요일까지 함께 출퇴근을 하고 있다. 활기차게 일하는 덕분에 월 1,500만 원 정도의 수익을 내고 있다. 주변 중개업소 말로는 상가점포의 시세가 10억 원 이상이라고 한다. 그는 경매에 성공해 인생 제2막을 열었다고 할 수 있다.

경매 부자들은 실패에 대한 걱정보다 도전에 대한 의지가 더 강하다. 경매를 공부하며 단순하고 명쾌한 방법을 찾아내 실전에서 맞닥뜨리게 되는 문제들을 해결한다. 권리분석이 어렵고 복잡하다는 이유로 회피하지 않는다. 그들은 젊든 아니든, 가방 끈이 짧든 길든 간에 상관없이 권리분석의 높은 벽을 뛰어넘으려 노력한다.

그러나 막연히 경매 부자를 꿈꾸는 사람들은 어렵다는 말에 도전해보지도 않고 지레 겁부터 먹는다. 경매 공부를 하는 사람들도 권리분석의 틀에 갇혀 빠져 나오지 못한다. 심지어 권리분석 때문에 경매를 포기하기도 한다.

경매는 어려워서 못하는 것이 아니다. 따져보는 것이 귀찮고 게을러서 안 하는 것이다. 첫 술에 배부른 일은 없다. 고대 로마제국의 카이사르Caesar는 "이미 주사위는 던져졌다!"라고 외치며 루비콘 강을 거침없이 도하하여 내전을 평정하고 권력을 잡았다.

당신이 한 번이라도 경매에 관심을 가져본 적이 있다면, 당신의 주사위도 이미 던져진 것이다. 진정 경매 부자가 되고 싶다면 더는 핑계대지도 망설이지도 마라!

약이 되는 세입자
VS 독이 되는 세입자

마포에 사는 E씨(44세).

그는 박봉에도 불구하고 경제적으로 남부러울 것이 없다. 이미 노후에 대비해 재테크를 든든히 해두었기 때문이다. 다가구주택을 경매로 매입해 매월 450만 원의 월세를 받고 있는 경매 부자다.

유찰이 잦은 주택의 경우, 매수인이 인수해야 하는 세입자가 있기 마련이다. E씨는 유독 이런 경매물건에 관심을 두었다. 세입자만 잘 해결하면 수익가치가 높아지기 때문이다.

2004년에 합정동에 있는 2층짜리 단독주택(대지 230㎡, 법원감정가 2억 3,000만 원)이 3차(1억 1,776만 원)까지 유찰되어 있었다. 근저당권 2건에 가압류 6건으로 권리관계는 복잡하지 않았다. 경매로 모두 소멸되는 권리였다. 그런데도 유찰된 이유는 세입자 때문이었다. 세입자는 모두 다섯 가구(지하 2가구, 1층 2가구, 2층 1가구)로, 2층에 살고 있는 세입자가 대항력을 갖추고 있었다. 즉, 기준권리인 근저당권보다 먼저 전입신고와 함께 확정일자를 받아놓았다. 만약 대항력 있는 세입자가 배당요구종기일까지 배당요구를 하지 않으면, 당연히 전세보증금(8,500만 원)을 매수인이 부담해야 한다. 대항력 있는 세입자가 전세보증금의 일부만 배당받는 경우에도 나머지 전세보증금에 대해서는 매수인이 부담해야 한다. 이들은 매수인 입장에서 보면 독이 되는 세입자다.

대항력 있는 세입자는 배당요구를 했다. 다가구주택이 9,000만 원 이상으로 매각되면 세입자의 전세보증금은 전액 배당받을 수 있었다. 이 경우, 매수인이 부담하는 세입자가 없기 때문에 매수인 입장에서는 약이 되는 세입자인 셈이다.

그는 대항력 있는 세입자를 따져본 후 현장에 나가 이것저것 살펴봤다. 중개업소에 따르면 이 다가구주택의 시세가 2억 5,000만 원 정도라고 했다. 여기에 다섯 가구를 세를 놓으면 적어도 보증금 5,000~6,000만 원에 매월 350만 원 정도 월세를 받을 수 있다고도 했다. 단독주택이 밀집한 조용한 주택가에 위치해 있어 주거환경도 쾌적했다. 지하철역까지 도보로 5분 거리이고, 주변에 재래시장을 비롯해 초·중·고등학교가 있어 임대조건이 매우 좋았다.

그는 과감하게 4차 입찰에서 1억 3,000만 원에 낙찰받았다. 대금을 납부하면서 대항력 없는 세입자들에게 인도명령을 신청했다. 소유권이전등기를 마친 후 대항력이 있는 세입자는 전세보증금을 전액 배당받았다. 명도에도 문제가 없었다. 그러나 대항력 없는 세입자 네 가구가 문제였다. 무리한 이사비용(가구당 1,000만 원)을 요구한 것이다. E씨는 법의 힘을 빌리는 대신 세입자들을 어르고 달래어 가구당 300만 원의 이사비용을 지불하고 명도를 마쳤다.

현재 이 건물은 9억 5,000만 원을 호가한다. 임대수익을 제외하더라도 투자금 대비 7배 정도의 수익을 올리고 있다. 누구하고도 스스럼없이 대화를 나누는 그의 활달한 성격 덕에 세입자 문제를 깔끔하게 해결하여 월급보다 훨씬 많은 임대수익을 얻고 있다.

경매 고수들은 세입자들이 약이 되는지 독이 되는지를 구분할 줄 안다. 만일 약이 되는 세입자라도 배당요구종기일을 지나 배당요구를 하면 독이 되는 세입자가 되기 때문에, 세입자가 배당요구종기일까지 정확하게 배당요구를 했는지 확인한다. 만일의 사태에 대비해 대항력이 없는 세입자들까지도 인도명령을 신청해둔다. 반면 경매 하수들은 세입자들의 배당요구에 관심을 두지 않는 경우가 많다. 특히 대항력이 없는 세입자가 있는 경우에는 당연히 주택을 명도해주는 것으로 알고 있는 사람도 있다. 인도명령은 생각하지 못하는 경우가 허다하다.

약이 되는 세입자는 기준권리(근저당권 외)보다 먼저 전입신고와 함께 확정일자를 마친 경우다. 그리고 세입자가 배당요구종기일까지 배당요구를 마쳐야 하고, 배당기일에 전세보증금 전액을 배당받아야 한다. 이때 매수인은 대항력이 있는 세입자의 전세보증금을 전혀 부담할 필요가 없다.

반면 매수인 입장에서 독이 되는 세입자는 첫째, 기준권리보다 먼저 전입신고만 되어 있는 경우다. 이때는 확정일자가 없어 배당요구를 할 수 없기 때문에 매수인이 온전히 전세보증금을 부담해야 한다. 둘째, 기준권리보다 먼저 전입신고를 마쳤지만 확정일자가 기준권리보다 늦는 경우다. 배당요구는 할 수 있지만 배당순위에서 1순위 근저당권에 밀린다. 당연히 전세보증금을 전액 또는 일부라도 배당받지 못하면 매수인이 부담해야 한다. 셋째, 기준권리보다 먼저 전입신고를 하고 확정일자를 받아두었지만 배당요구종기일까지 배당요구를 하지 못한 경우다. 다시 말해 배당요구를 통해 전세보증금을 배당받을 수 있는 조건을 갖춘 세입자지만, 고의든 실수든 배당요구를 하지 않았기 때문에 매수인이 부담해야 한다.

경매 고수가 되려면 세입자를 구분할 줄 아는 능력만큼이나 원활한 의사소통능력이 중요하다. 대항력이 있는 세입자뿐만 아니라, 대항력이 없는 세입자와도 잘 소통해야 한다. 법을 앞세우기보다 대화를 통해 세입자와의 문제를 해결하는 편이 낫다.

《장자莊子》에 "심재心齋"라는 말이 있다. '마음을 재계하여 평형을 유지하라'라는 뜻이다. 마음을 깨끗이 비우고 상대방을 대하면 무리 없이 설득할 수 있다. 경매 고수들은 심재와 같은 마음으로 세입자를 대해야 함을 잘 안다. 그러나 경매 하수들은 세입자와 소통하기보다는 툭하면 법의 잣대를 들이댄다. 진정한 경매 부자가 되고자 한다면 법에 앞서 소통의 기술부터 배워라.

세입자는
적이 아니다

동대문 시장에서 40년 동안 한복을 지어온 S씨(69세).

그녀의 70년 인생은 한 편의 소설 같다. 그녀는 19살에 초등학교 교사와 결혼해 연년생으로 3남매를 두었다. 평범한 가정주부로 아이들 키우는 재미를 알아가던 어느 날, 덜컥 남편이 세상을 떠나고 말았다. 가세마저 급격하게 기울어 서울역에서 행상을 하는 등 온갖 고생을 다 했지만 입에 풀칠하기도 힘들었다. 근본적인 생계대책이 없이는 도저히 살아나갈 수가 없었다.

그녀는 남편의 사망보험금으로 동대문 시장에 작은 한복 가게를 차렸다. 다행히 친정어머니한테 배운 바느질 솜씨 덕분에 일감이 끊이질 않았고, 밤을 꼬박 새는 날도 많았다. 손가락에 피가 마를 날 없이

10년 넘게 일하는 동안 어느새 한복 잘 짓는 집으로 소문이 났다. 단골 손님도 꽤 늘었으며, 가게를 일구는 사이 아이들도 잘 자라줬다.

그녀는 힘들게 일군 가게를 딸에게 고스란히 물려줬다. 처음에는 섭섭했지만 어려운 이웃을 위한 봉사활동에 매진하려 모든 것을 내려놓았다. 그리고 그동안 고생해서 모은 돈으로 경매를 시작해 2000년에 상가건물을 구입했다. 그녀는 현재 월세로 1,800만 원 정도의 수익을 챙기고 있다. 또한 고아원을 찾아다니며 아이들에게 장학금도 주는 등 인생을 값지게 보내고 있다. 딸에게 물려준 한복 가게에는 한 달에 한 번쯤 단골손님을 만나러 나간다.

S씨가 경매 부자가 되기까지의 모든 과정이 순탄한 것은 아니었다. 그녀는 시장통에서 40년 넘게 일하는 동안 주위 점포들이 경매로 헐값에 넘어가는 일을 자주 목격했다. 그리하여 자연스럽게 경매에 관심을 갖던 중 친정 동생으로부터 아주 싸게 나온 경매물건이 있다는 이야기를 들었다. 서울 암사동에 있는 5층짜리 근린상가(191.4㎡, 법원감정가 7억 3,943만 원)로, 3차(3억 7,858만 원)까지 유찰되어 있었다. 그녀는 노후 대비 임대수익을 얻을 수 있는 적당한 물건이라고 여겼다.

우선 법대를 졸업한 아들을 앞세워 권리분석부터 끝냈다. 근저당권 4건, 가압류 3건, 압류 2건이 전부로, 매수인이 인수해야 하는 권리는 하나도 없었다. 급한 마음에 가게 문을 일찍 닫고 현장에 나가보니 마음에 쏙 들었다. 지하와 1층은 음식점으로 2·3층은 사무실로 4·5층(방수 9개)은 주택으로 임대하고 있었다. 세입자만 14명이었지만, 다행히 대항력이 있는 세입자가 없었다. 그러나 그들을 깔끔하게 명도하지 않으면 낙찰을 받아도 몇 년간 소송에 휘말릴 가능성이 높았다. 아들은 어머니가 세입자 문제 때문에 힘들어질 것이라며 경매에 참여하지 않기를 바랐다.

　며칠을 고민한 끝에 그녀는 그 건물을 매수하기로 결정했다. 시장통에서 많은 사람들을 대하며 산전수전 다 겪었기에 세입자들을 상대하는 데 자신이 있었다. 그녀는 4차 입찰에서 4억 700만 원에 낙찰받았다. 그리고 대금을 납부함과 동시에 세입자들에 대한 인도명령을 신청했다.

　'명도'란 건물을 점유한 사람으로부터 건물을 돌려받는 것이다. 법에서 말하는 '인도명령'은 사실상 지배를 이전하는 것으로 명도를 받는 한 방법이다. 매수인에게 대항할 수 없는 점유자(소유자, 채무자 등)가 건물을 내놓지 않는 경우, 재산권 행사에 지장을 받는다. 여기에 사용권과 수익권을 행사함으로써 얻을 수 있는 수익에도 차질이 생긴다. 따라서 하루라도 빨리 명도하는 것이 좋다. 인도명령은 대금납부를 마치고 6개월 이내에 신청할 수 있다. 이때 법원은 점유자에게 건물을 매수인에게 돌려줄 것을 명령할 수 있다(민사집행법 제136조 참조). 인도명령에 대한 결정이 난 후에도 가급적 세입자와의 충돌을 피하고 대화로 해결하는 것이 좋다.

　그러나 매수인의 노력에도 불구하고 점유자가 끝까지 경매물건의 인도를 거부하면, 매수인은 인도명령 집행을 통해 간결하고 신속하게 경매물건을 인도받아야 한다. 한편, 6개월 이내에 인도명령을 신청하지 못했거나 인도명령이 기각된 경우에는 명도소송으로 건물을 돌려받을 수 있다. 명소소송의 경우, 시일이 오래 걸릴 뿐만 아니라 비용이 많이 들기 때문에 가급적 인도명령으로 처리하는 것이 좋다.

　인도명령의 신청은 법원에 서면 또는 구두로 할 수 있으나 통상적으로는 서면으로 한다(민사집행법 제23조 참조). 특히 채무자나 소유자, 현황조사서 등 기록상 명백한 대항력이 없는 점유자를 상대로 신청하는 경우에는 증빙서류를 제출하지 않아도 된다.

　S씨는 세입자들이 반드시 명도해야 할 대상은 아니라고 생각했다. 함께 가지 못할 이유가 없었다. 그녀는 문제를 해결하는 데에 법보다 대화가 우선이라 여기고 세입자들을 친근하게 대하기로 했다. 하지만 대부분의 세입자들이 그녀를 만나주지 않았다. 알고 보니 1층 음식점 사장이 세입자들의 여론을 좌지우지하고 있었다. 법대로만 한다면 음식점 사장은 보증금은커녕 한 푼도 못 받고 점포를 비워줘야 했다. 그러나 그녀는 음식점 사장의 마음을 움직이는 데 전념하기로 했다.

그녀는 한가한 오후 시간을 이용해 음식점 사장을 만나 2시간 넘게 사정을 들어주었다. 사연이 딱했다. 장사가 잘되고 있었기에 몇 개월이나마 더 영업을 하기를 원했다. 그녀는 자신의 어려웠던 시절을 생각하며 장사를 계속하게 해주었다. 다만 기존의 임대보증금 5,000만 원은 어쩔 도리가 없었다. 당분간 월세만 내고 새 임대보증금은 매년 1,000만 원씩 5년간 받기로 했다. 1층 임차인을 해결하고 나니 다른 세입자들이 먼저 연락을 해왔다. 세입자 가운데 5명은 계속 거주하기로 하고, 7명은 이사를 가기로 했다. 나머지 세입자 1명은 인도명령을 집행해야 했다. 이로써 세입자들에게 이사비용과 위로금으로 2,100만 원의 비용을 추가로 지급했다. 만약 협상이 아닌 법을 통해 해결했다면 4,000만 원 이상의 비용이 더 발생했을 것이다.

경매 부자들은 조급함이 아니라 넉넉한 마음으로 세입자를 대한다. 셰익스피어도 "힘으로 순하게 만들려 하기보다 온화함으로 힘을 발휘하라."라고 했듯이 세입자를 대하는 데 강함은 약함만 못하다. 그러나 경매 하수들은 넉넉함보다는 조급함이 앞선다. 급할수록 돌아가라는 옛말은 귓등으로 흘려듣고 무조건 앞으로 나아가려고 하는 바람에 문제를 더욱 어렵게 만든다. 세입자의 사정을 들어주거나 배려하기보다 자신의 이익을 먼저 챙기느라 바쁘기 때문이다.

법보다 대화와 타협이 더 아름답다는 사실을 기억하자. 카이사르가 "친절함과 관대함으로 자신의 입지를 강화하는 것은 정복의 새로운 방법이다."라고 했듯이, 세입자와 잘 협의하여 큰 문제 없이 좋게 해결하는 것이 훨씬 유리하다.

인도명령과 명도소송 대상자

인도명령 대상자	명도소송 대상자
소유자 채무자 또는 부동산 점유자 [권원權原이 없는 점유자]	점유자가 매수인에게 대항할 수 있는 경우

(민사집행법 제136조 참조)

가짜 세입자를
찾아라

경기도 하남시에 거주하는 가정주부 L씨(51세).

그녀가 처음 경매와 인연을 맺은 것은 아이들이 자라면서 한가한 짬이 생기자 소일거리 겸 재테크에 눈을 돌리면서부터다. 연 5~6%밖에 되지 않은 은행 이자로 돈을 굴리기 힘들다고 판단한 그녀는 부동산 경매를 꾸준히 공부했다.

2004년에 오금동에 소재한 소형빌라(61.11㎡, 법원감정가 1억 1,000만 원)가 3차(5,632만 원)까지 유찰된 것을 찾아냈다. 당시 시세보다 4,000만 원가량 저렴했다. 그녀는 현장을 둘러보며 이것저것 따져봤다. 외관상 깔끔하게 관리가 잘됐고, 지하철 오금역에서 5분 거리에 있어서 교통이 편리하고 교육환경이 좋았다. 주변에 올림픽공원도 있어서 임대수요가 넘쳐났다. 매매시세는 1억 2,000만 원 정도였고, 전세가격은 7,000만 원 선에 형성되어 있었다. 그녀의 마음에 쏙 들었다.

경매 초보자인 그녀는 공부한 대로 권리분석을 했다. 그런데 세입자의 전입일자가 기준권리보다 앞서 있었다. 다시 말해 1순위 세입자, 2순위 근저당권, 3순위 세입자(보증금 2,000만 원), 4순위 세입자(보증금 1,500만 원) 순이었다. 1순위 세입자는 기준권리인 근저당권설정보다 앞서 전입신고를 마쳤기 때문에 대항력이 있었다. 게다가 1순위 세입자의 전세보증금이 얼마인지 모르기 때문에 3차까지 유찰된 상태였다.

그녀는 상식적으로 이해가 잘되지 않아 전문가를 찾아가 자문을 구했다. 은행에서는 돈을 빌려줄 때 특별한 사정이 없는 한 1순위 근저당권만 잡는다. 다시 말해 대항력이 있는 세입자가 있으면 돈을 빌려주지 않는다. 그녀는 마지막으로 채권자인 은행을 통해 사실관계를 확인했다. 매수인과 채권자(금융기관)의 이해관계가 딱 맞아 떨어지기 때문에 은행이 사실관계를 명확히 밝히지 못할 이유가 없었다. 은행 입장에서도 유찰횟수가 많으면 빌려준 돈을 전부 회수할 수 없기 때문이다. 대출 당시에도 세입자가 있었는데, 그 세입자는 전세보증금 없이 무상으로 거주하고 있었다. 이를 증명하기 위해 은행 측에서는 세입자로부터 '무상임차사실확인서'를 받아뒀다. 이때는 통상적으로 신의성실원칙에 위배되어 세입자는 대항력을 인정받을 수 없다. 한마디로 대항력이 있는 세입자는 '가짜'인 것이다.

그녀는 대항력이 있는 세입자를 철저하게 파헤쳐 문제가 없음을 확인하고 4차 입찰에서 5,800만 원에 낙찰받았다. 소유권 이전을 마치고 가짜 세입자 명도까지 해결했다. 지금은 보증금 1,000만 원에 월세 130만 원을 받고 있다. 시세도 3억 5,000만 원까지 올랐다(2011년 기준). 이후 L씨는 경매로 소형 아파트와 빌라를 5채 매입해 주택임대사업을 하고 있다. 매월 계좌로 들어오는 임대수익이 850만 원 정도다. 웬만한 상가보다 수익성이 좋은 편이다.

경매에 있어 세입자를 가려내는 일은 중요하다. 만약 시세가 2억 5,000만 원 하는 아파트를 담보로 9,000만 원의 대출을 받고자 할 때, 은행에서 세입자의 전세보증금을 차감하기 때문에 대항력 있는 세입자(전세보증금 1억 2,000만 원)가 있으면 대출을 받을 수 없다. 이처럼 대항력이 있는 세입자의 전세보증금의 액수가 크거나, 전세보증금에 대한 신고가 없는 경우 위장 또는 가짜 세입자일 확률이 높다.

《주역周易》에 "호시탐탐虎視眈眈"이란 말이 있다. '호랑이의 눈으로 먹잇감을 바라보라'는 뜻이다. 경매 고수들은 매서운 눈으로 모든 조건과 상황을 꼼꼼히 살핀다. 그리고 빠르게 판단하고 움직여 가짜 세입자를 찾아낸다. 반면에 경매 하수들은 가짜 세입자가 있는지조차 모른다. 세입자가 대항력을 주장하면 진위 여부를 가릴 생각조차 하지 않는다. 그저 겁에 질려 돈으로 해결할 뿐이다.

경매 부자가 되고 싶다면, 가짜와 진짜 세입자를 구별할 줄 하는 날카로운 눈을 가져야 한다.

TIP

가짜 세입자는 대항력을 갖추어도 법으로 보호받지 못한다.

기준권리(근저당권)가 설정된 후, 부부가 이혼할 경우 배우자는 대항력이 있는 가짜 세입자로 둔갑할 수 있다. 하지만 채무자나 소유자가 정상적으로 이혼을 통해 세입자가 됐어도 기준권리가 성립되기 전에 부부였으므로 주택임대차보호법상 세입자로 볼 수 없다.

또한 전·현 소유자의 친인척이 대항력 있는 세입자로 행세하는 경우가 있다. 이때도 가짜 세입자일 가능성이 높은데, 호적등본상 친인척임이 드러나면 경매방해죄가 성립되어 엄중한 처벌을 받게 된다. 특히 경매로 구입한 부동산이 신축한 주택이라면 대항력 있는 세입자에 대해 더욱더 신중하게 살펴봐야 한다. 공사대금을 받지 못한 사람들이 소유자와 짜고 대항력 있는 세입자로 둔갑할 수 있기 때문이다. 이때도 가짜 세입자이므로 채권 회수를 목적으로 하는 임대차계약은 법의 보호를 받지 못한다.

떼쟁이 유치권

성남에서 독서실을 운영하는 B씨(51세).

그는 원래 다른 지역에서 독서실을 운영하며 부자의 꿈을 키웠다. 그런데 매년 올려줘야 하는 월세 때문에 돈을 모으는 것보다 현상유지에 급급했다. 그는 자기 소유의 건물에서 독서실을 운영하고 싶었다. 하루라도 빨리 그 꿈을 이루기 위해 경매에 입문했다. 경매로 상가건물만 찾으면 즉시 현장으로 나가 입지를 살피기에 바빴다.

2005년에 그는 독서실로 적합한 상가건물을 찾아냈다. 성남에 있는 지하 1층, 지상 3층짜리 근린상가(대지 280㎡, 법원감정가 12억 9,400만 원)로, 유치권이 붙어 있어서 3차(6억 6,252만 원)까지 유찰되어 있었다. 유치권은 2건에 4억 6,000만 원이 신고되어 있었다. 일반적으로 유치권이 붙은 경매물건은 기피물건이다. 경매 시장에서 인기가 없다. 그러나 B씨의 생각은 달랐다. 법도 잘 모르고 유치권이라는 말도 처음 들어봤지만, 독서실을 운영하는 데 적당하다는 이유로 마음이 끌렸다. 그는 3차례에 걸쳐 현장에 나가 꼼꼼히 살펴보았다.

상가건물의 지하는 단란주점, 1층은 갈빗집, 2·3층은 사무실로 사용하고 있었다. 입지도 양호했다. 주변에 성남세관을 비롯해 농수산물도매시장, 중원구청 등 관공서와 사무실이 모여 있었다. 제2산업단지와도 가까워 영업이 잘되는 편이었다. 시세는 대략 11~14억 원 선이었다. 지하부터 3층까지 모두 월세를 놓으면 매월 800만 원 정도의 임대수익을 기대할 수 있었다.

B씨는 이렇게 조건이 좋은데 유치권이란 게 뭐가 대단하다고 사람들이 기피하는지 그 이유를 알고 싶었다. 그래서 유치권에 대해 본격적으로 공부했다. 유치권은 무조건 매수인이 부담하는 권리가 아니었다. 법원에서 인정해야만 매수인이 부담하는 것으로, 유치권으로 인정받지 못하면 부담할 이유가 없었다. 상가건물에 유치권을 신고한 사람들은 세입자인 단란주점과 갈빗집 사장들이었다. 그들은 개업할 때 소요된 인테리어 비용을 유치권으로 신고한 것이다. B씨는 유치권만 잘 해결하면 짭짤한 임대수익을 기대할 수 있을 것 같았다.

그는 전문가에게 의견을 구했다. 이런 경우 유치권의 성립 여지가 매우 적다고 했다(실제로도 유치권은 법원에서 인정되지 않아 부담하지 않아도 됐다).

전문가의 조언에 힘입어 4차 입찰에서 6억 6,000만 원에 낙찰받았다. 2012년 현재 그는 독서실 수입과 임대수익을 합쳐 매월 1,900만 원 정도를 벌고 있다.

경매에서 유치권이란 부동산을 신축 또는 수리한 경우, 공사비를 받을 때까지 그 건물을 유치할 수 있는 담보물건이다(민법 제320조 참조). 유치권이 성립되기 위해서는 법률적으로 5가지 사항에 부합해야 한다. 첫째, 유치권의 대상은 물건(부동산, 동산)과 유가증권이어야 한다. 둘째, 채권(받을 돈)이 유치권의 목적물(부동산, 동산 등)과 관련해 발생한 것이어야 한다. 예를 들어 단순히 빌려준 돈을 받지 못했다고 해서 채무자(돈을 빌려간 사람)의 부동산에 유치권을 주장하는 것은 인정되지 않는다. 셋째, 채권이 변제기(돈을 갚아야 할 시기)에 있어야 한다. 넷째, 유치권자가 물건(부동산, 동산 등)을 점유하고 있어야 한다. 다섯째, 유치권을 배제하는 법률 또는 계약상의 사유가 없어야 한다.

이처럼 유치권은 성립 자체가 매우 까다롭다. 더 중요한 것은 유치권에 대한 효력이 유치권자가 신고했다고 해서 인정되는 것이 아니라는 점이다. 유치권은 담보가 실제로 들어간 공사비인지, 경매물건과 관련이 있는 것인지 등 여러 가지 사실 여부를 종합하여 법원에서 판단한다. 따라서 매수인은 유치권이 있는 물건이라고 해서 꼭 부담스러워할 필요가 없다.

경매물건에는 여러 종류의 유치권이 많이 붙는다. 하지만 유치권은 유치권자의 주장일 뿐이다. 예를 들어 영업을 위해 공사한 비용에 대해 유치권이 성립되지 않는다. 영업을 위한 인테리어 비용은 건물의 객관적 가치를 상승시키는 요인이 될 수 없기 때문이다.

경매 고수들은 아무리 골치 아픈 유치권이 붙어 있어도 기피하지 않는다. 문제가 많아 보이는 물건일수록 특성을 잘 파악하고 현장조사를 꼼꼼히 한다. 유치권을 통해 자본수익을 극대화할 수 있음을 잘 알기 때문이다. 그러나 경매 부자와 인연이 없는 사람들은 법률관계가 복잡해 권리분석이 어려운 물건은 우선 피하고 본다. 특히 유치권이 붙어 있으면 혹시나 하는 생각에 망설이다가 경매 자체를 포기하기도 한다.

유치권이 설정되어 있다고 피하고 보는 것은 현명하지 못한 처사다. 유치권은 성립 여부를 떠나 주장부터 하고 보는 것이다. 마치 어린 아이가 장난감을 사달라고 떼를 쓰듯 경매물건이 되자마자 무조건 신고부터 하고 보는 것이다. 대법원의 판례에서 생떼처럼 보이는 유치권이 인정되지 않는 것만 봐도 알 수 있다. 경매 고수를 넘어 진정한 경매 부자가 되려면 유치권에 대한 편견을 버려라.

목소리만 큰
법정지상권

잠실에서 안경점을 하는 J씨(46세).

손님이 놓고 간 한 권의 경매 책이 그의 인생을 바꿔놨다. 안경밖에 몰랐던 그는 곧 경매의 마력에 빠져들었다. 현재(2012년) 살고 있는 사당동의 아파트도 경매로 장만한 것이다.

그는 충청도 시골 출신으로 항상 전원생활을 꿈꿨다. 노년에 서울에서 가까운 곳에 텃밭을 일구며 사는 것이 소망이었다. 그래서 주말이면 경매로 나온 땅을 찾아다녔다. 1년 넘게 경기도 여주, 이천을 비롯해 안성, 광주 등지에 나온 경매물건을 알아보면서 기회를 노렸다. 그러던 중 2007년에 경기도 양평에 있는 땅(대지 530㎡, 법원감정가 1억 2,800만 원)을 발견했다. 전원주택을 짓기에 안성맞춤이었으나, 법정지상권 때문에 6차(3,355만 원)까지 유찰되어 있었다. 그는 현장을 둘러보기 위해 서울에서 1시간을 차로 달려 양평에 도착했다. 주변 경치가 뛰어나, 꿈에 그리던 바로 그곳이었다. 그런데 그 땅에 미등기건물과 비닐하우스가 각각 1동씩 있었다. 겉으로 보기에는 법정지상권이 충분히 인정될 만했다. 하지만 그는 적극적으로 따져보기로 했다. 매수인에게 유리한 주관적인 판단이 아닌, 법에 따라 객관적인 판단을 하기로 한 것이다.

경매물건에는 2005년에 A씨가 금융기관에서 5,000만 원을 빌리면서 근저당권과 함께 지상권이 설정되어 있었다. 이후 건물이 신축되었고 계속 미등기 상태였다. 건축물관리대장이 없어서 언제 신축되었는지 정확하게 파악할 수는 없었다.

J씨는 예전에 아파트 담보대출을 받은 적이 있었다. 그때 토지와 건물을 함께 근저당권을 잡은 경험이 있었기에 강한 의문이 생겼다. 땅에 건물이 있으면 그 땅뿐만 아니라 건물까지 근저당권에 포함된다고 알고 있었기 때문이다. 땅에 근저당권을 설정할 때 건물이 없었기에 지상권으로 설정됐을 거라 추측이 갔다. 더군다나 비닐하우스는 법정지상권이 인정되지 않는다. 여기까지 생각이 정리되자, 그는 확신이 생겼다.

그러나 바로 실행에 앞서, 마지막으로 전문가에게 자문을 구했다. 경매를 공부했다고 해도 법정지상권에 대해 확실한 지식과 신중한 조언이 필요했기 때문이다. 전문가는 근저당권 설정 당시 토지에 건물이 존재하지 않았을 가능성이 크다고 말해 주었다. 그렇다면 절대로 법정지상권이 성립할 수 없다.

　J씨는 이후 경매에 참여해 7차 입찰에서 3,600만 원에 낙찰받았다. 예상대로 미등기건물은 근저당권설정 이후에 신축된 것으로 판명되어 법정지상권이 인정되지 않았다. 곧바로 건물철거소송을 제기했고, 급기야 건물 소유자로부터 미등기건물까지 매수했다. 당초 예상한 것보다 절반도 되지 않는 값에 전원주택을 마련할 수 있었다. 지금은 특별한 일이 없으면 주말엔 양평 전원주택에 내려가 텃밭을 가꾸며 여유를 즐긴다.

　법정지상권이란 토지의 지상을 사용할 수 있는 권리를 말한다. 법정지상권으로 인정받기 위해서는 3가지 조건에 부합해야 한다. 첫째, 근저당권설정 당시 토지에 반드시 건물이 존재해야 한다. 둘째, 근저당권설정 당시 토지와 건물의 소유자가 같아야 한다. 셋째, 경매로 토지와 건물의 소유자가 달라져야 한다(민법 제366조 참조).

　J씨가 매수한 경매물건의 경우 근저당권설정 이후에 건물을 신축했기 때문에 당연히 법정지상권이 성립되지 않는다. 비닐하우스는 언제든지 철거가 가능한 시설물이므로 마찬가지로 법정지상권이 성립되지 않는다. 다만 비닐하우스 안에서 자라는 농작물은 수확할 때까지

지상권을 인정해줘야 한다.

한편, 관습법상 법정지상권도 3가지 성립요건에 부합해야 한다. 첫째, 매도 당시 토지와 건물의 소유자가 같아야 한다(대법 95다9075 참조). 둘째, 매매 및 기타 다른 원인이 개입됐을 때에는 토지와 건물의 소유자가 달라야 한다(대법 98다64189 참조). 셋째, 건물을 철거한다는 등의 배제특약이 없어야 한다(대법 98다58467 참조).

법정지상권은 까다롭기로 유명하지만 철저히 물건을 분석하여 실체를 밝혀내면 고수익을 얻을 수도 있기에 매력적이다. 경매시장에서는 '진흙 속 보석'이라고도 한다. 그래서 경매 고수들은 법정지상권이 붙어 있는 물건이라고 해도 쉽게 포기하지 않는다. 권리분석을 할 때 매수인 입장에서 유리한 방향으로 주관적인 판단을 하지도 않는다. 그들은 여러 가지 변수를 고려하여 아주 논리적이고 객관적으로 판단한다. 유찰이 잦은 특수물건일수록 철저하게 권리분석에 심혈을 기울인다.

반면, 경매 하수들은 경매에 대해 조금만 알아도 대충 넘어가려 한다. 법정지상권이 붙어 있는 물건에는 눈길도 주지 않는다. 겉보기와 달리 수익을 낼 수 있는 물건임에도 겁부터 먹고 도전하지 않는다. 이보다 심한 사람도 있다. 한술 더 떠 법정지상권을 매수인 입장에서 유리하게 마음대로 판단한다. 그리고 섣부른 투자로 손해까지 떠안기

도 한다. 경매에서 여러 위험성을 간과하는 것은 실패로 가는 지름길
이다. 이런 사람들은 결코 경매 부자가 될 수 없다.

┃ TIP

전원주택을 지을 때

전원주택 신축에 따른 허가절차부터 준공까지의 절차와 과정이 까다롭다.
그러므로 택지를 구입해 건물을 신축하는 방법보다는 기존의 전원주택을 매
입하거나 허름한 농가주택을 매입해 수리 후 사용하는 것도 하나의 방법이다.

겨울에만 보이는
분묘기지권

상계동에서 한의원을 하는 D원장(48세).

그는 평소 시골 땅에 관심이 많았다. 전원주택을 짓고 직접 한약재를 재배하고 싶어 했다. 아이들과 여행을 가도 주변의 땅을 꼭 살펴볼 정도였다. 틈만 나면 전국을 누비고 다니던 중 강원도 홍천에 소재한 땅(밭 3,400㎡, 법원감정가 1억 3,400만 원)이 경매로 나왔다. 2008년 여름이 시작될 무렵에 경매개시가 결정된 물건이었는데, 2009년 1월이 지나도록 매각되지 않았다. 3차(6,860만 원)까지 유찰된 상태였다.

D원장은 각종 공부와 함께 법원에서 조사한 현황조사서를 꼼꼼하게 살펴보았다. 유치권과 법정지상권을 주장하는 사람은 한 명도 없었고, 근저당권 1건과 가압류 2건이 전부였다. 여름에 찍은 사진을 통

해 현징을 살펴보니 전형적인 강원도 옥수수 밭이었다. 폭이 4미터 정도인 도로가 있었고, 땅 모양이 도로에 직사각형으로 붙어 있었다. 용도지역은 계획관리지역으로 특별한 규제도 없었다. 그는 현장에 가보나마나 별 문제가 없을 것으로 생각하고 4차 입찰에 참가했다. 경매에 참가한 사람은 그를 포함해 모두 2명뿐이었다. 7,200만 원을 써내어 낙찰을 받았다.

소유권 이전을 마친 후 경매로 매입한 땅이 궁금해서 그는 현장을 찾았다. 승용차에 설치한 내비게이션이 밭 앞까지 정확하게 안내해줬다. 땅을 직접 살펴보니 밭 한가운데 동그란 흙더미가 있었다. 혹시나 하는 마음에 자세히 살펴보니 분묘였다. 봄이 오면 이 땅에 약초를 재배할 생각이었던 그는 순간 당황하여 어떻게 해야 할지 판단이 서지 않았다. 한동안 멍하니 서 있다가 서울로 올라가 사태를 수습하기로 했다. 경매로 땅을 싸게 매입한 것이 전혀 기쁘지 않았다. 입찰 전에 현장을 방문하지 않은 것을 무척이나 후회했다.

하지만 그는 사후방문이라도 해서 다행이라고 여겼다. 실패를 인정하고 적극적으로 해결방안을 모색했다. 전문가에게 의견을 구해보니, 오래된 분묘는 관습법상 분묘기지권이 인정될 수 있다고 했다. 그러나 후손들이 분묘를 관리하지 않는다면 분묘를 이장할 수 있다는 긍정적인 답변을 얻었다.

D원장은 번개처럼 홍천으로 달려갔다. 반나절 동안 동네 어르신들에게 인사를 드리며 진맥을 봐드렸다. 마을 어르신들은 서울에서 온 좋은 의사 선생과 인연을 맺었다고 좋아했다. 그는 80세가 넘은 할머니에게 밭 한가운데 있는 분묘에 대해 조심스럽게 여쭤보았다. 어르신은 고개를 절레절레 흔들며 누구의 묘지인지 모른다고 했다. 게다가 추석이나 설날에 성묘하러 오는 사람을 여태껏 본 적이 없다고 했다. 전혀 관리되지 않은 분묘였던 것이다. D원장은 동네 어르신들과 상의한 끝에 묘지를 합법적으로 이장하는 데 성공했다.

분묘기지권은 다른 사람의 토지에 묘를 쓴 사람에게 인정되는 권리를 말한다. 분묘기지권은 첫째, 토지소유자의 승낙을 얻어 분묘를 설치하거나 둘째, 토지소유자의 승낙 없이 분묘를 설치한 후 20년간 평온·공연하게 그 분묘를 점유하거나 셋째, 자기 토지에 분묘를 설치한 사람이 분묘를 이전한다는 특약 없이 토지를 매매했을 때 관습법상 인정받을 수 있다(대판, 4294민상1451 참조).

분묘기지권의 존속기간에 대해서는 여러 가지 논란이 있을 수 있지만, 권리자가 묘지를 관리하는 동안에는 분묘기지권이 존속한다. 만약 권리자가 오랜 기간 관리하지 않으면 토지소유자는 묘지의 이전을 청구할 수 있다(대판, 81다1220 참조).

여름철에 땅을 매입하게 되면 풀숲이 울창하여 자칫 묘지가 있는지 확인하기 어렵다. 특히 합법적으로 설치한 묘지에 대해서는 분묘기지권을 인정하기 때문에 임의대로 이장하거나 강제로 철거할 수 없다. 경매 고수들은 시골 땅을 매입할 경우 여름이 아닌 추운 겨울에 현장방문을 한다. 만약 분묘가 있으면 관리 상태를 파악해 묘지 이전을 청구할 수 있는지 확인한 후 경매에 참여한다. 그러나 경매 하수들은 분묘기지권은커녕 분묘가 있으면 토지 사용에 제한을 받을 수 있다는 사실조차 모른다. 경매 부자가 되고 싶다면 반드시 추운 겨울에 땅을 사라.

허수아비 근저당권

대기업에 다니는 P씨(45세).

그는 중학교 교사인 아내와 맞벌이를 했다. 허리띠를 졸라매고 열심히 저축하며 검소하게 살았지만 현실은 만만치 않았다. 결혼 6년차가 되도록 전셋집을 벗어나지 못했다. 2004년에 그는 독일에 있는 해외지사로 발령을 받아 8개월 뒤에 가족과 함께 독일로 떠나야 했다. 그러던 어느 날 해외 부임자를 위한 자산관리 강의를 듣고 귀가 번쩍 뜨였다. 전세를 끼고 집을 장만한 후 해외로 떠나라는 조언을 들었던 것이다. 그는 내 집 마련에 한 푼이라도 더 줄여보고자 경매에 눈을 돌렸다. 아내의 적극적인 협력과 도움이 있어 마음까지 든든했다.

이듬해 그의 가족이 독일로 떠나기 3개월 전, 삼성동에 위치한 상아아파트(91.54㎡, 법원감정가 4억 8,000만 원)가 2차(3억 720만 원)까지 유찰되어 있었다. 시세보다 무려 2억 원 정도 저렴했다. 교육환경을 비롯해 교통이 좋아 귀국 후 아이들을 키우는 데 더없이 좋은 조건이라고 생각했다. 당시 급한 마음에 권리분석만 문제 없으면 되겠다 싶어 2차까지 유찰된 이유에 대해서는 꼼꼼히 생각해보지 않았다.

권리분석은 매우 간단했다. 근저당권의 설정일자와 세입자의 전입일자순으로 보면 1순위 근저당권 1억 2,000만 원, 2순위 세입자 보증금 1억 8,000만 원, 3순위 근저당권 2억 4,000만 원, 4순위 근저당권 2억 8,800만 원순이었다. 후순위 근저당권자의 신청으로 경매가 진행되고 있었다. 기준권리가 1순위 근저당권이었기 때문에 경매로 모든 권리가 소멸되어 매수인이 부담하는 권리는 아무것도 없었다. 전입신고만 한 세입자는 대항력이 없었다.

이렇게 저렴하고 좋은 아파트가 그에게까지 차례가 오다니, 처음에는 행운인 줄로만 알았다. 그는 아내의 권유로 전문가에게 자문을 구했다. 전문가 말로는 대출금은 상환되고 근저당권만 있기 때문에 세입자에게 대항력이 생겼다고 했다. 매수인이 2순위 세입자의 전세보증금을 부담해야 한다는 것이다. 도대체 이게 무슨 일인지 잘 이해가 되지 않았던 그는 전문가의 의견을 두세 차례 더 듣고 나서야 상황을 파악할 수 있었다.

근저당권은 설정 시기가 압류등기 전후의 여부에 관계 없이 모두 경매로 소멸된다(민사집행법 제 91조 참조). 그러나 기준권리인 1순위 근저당권은 존재한다. 대출금이 상환된 경우에는 형식상의 근저당권으로 효력이 없다. 이는 채권(대출금)이 없으면 담보물건이 성립하지 못하는 부종성 때문이다. 이 사례의 경우, 1순위 근저당권의 효력이 없어지면서 기준권리가 3순위 근저당권으로 넘어감에 따라 2순위였던 세입자가 대항력을 갖게 됐다.

이렇게 1·2순위 근저당권 사이에 세입자가 있고, 후순위 근저당권자의 신청으로 경매가 진행되는 경우에는 실제로 1순위 근저당권에 채권(대출금)이 존재하는지 알아봐야 한다. 한편, 금융기관의 대출거래에서는 대출금을 상환한 후 근저당권을 말소하지 않고 향후 대출금의 담보로 사용하는 경우가 빈번하다는 점을 명심해야 한다.

아파트를 놓치기 싫었던 그는 전문가의 조언에 따라 작전을 세웠다. 우선 3차(2억 4,576만 원) 입찰을 포기하기로 했다. 다행히 유찰됐다. 그리고 4차 입찰에서 2억 6,000만 원을 써내 낙찰받았다. 그의 예상이 맞아떨어진 것이다. 세입자의 전세보증금을 떠안았어도 4억 4,000만 원에 매수한 셈이다. 시세보다 6,000~7,000만 원 정도 싸게 장만한 것이다. 그는 아파트를 전세 놓고 홀가분하게 해외 부임지인 독일로 떠났다.

해외부임을 마치고 돌아온 2009년부터 경매로 장만한 그 집에서 살고 있다. 시세(2012년, 8억 7,000만 원) 대비 4억 3,000만 원 이상 가격이 올라 재테크에도 성공했다. 그는 요즘 지방 땅에 관심이 많다. 기회만 되면 또 경매로 투자할 생각이다.

경매 부자들은 돌다리도 두드리며 건너는 습성이 있다. 반면에 한 번 잡은 물건은 놓치지 않는 승부사 기질도 있다. 급할수록 서두르지 않는 침착함도 갖추고 있다. 완벽하게 보이더라도 의문이 생기면 그냥 지나치지 않는다. 스스로 해결할 수 없다면 전문가에게 달려가 답을 구한다. 그러나 경매 시장의 혹독함을 잘 모르는 사람들은 자기 생각 대로 행동한다. 의문이 생겨도 대세에 따라 그냥 지나치기 일쑤다. 성 급함 때문에 볼 수 있는 것도 놓치는 우를 범하게 되는 것이다.

경매에서 근저당권은 무조건 소멸된다고 해서 매수인에게 아무 런 해가 되지 않는 권리로만 알고 있으면 곤란하다. 잘못된 상식을 빨리 버리고, 지금까지 알고 있던 한정된 지식에서 벗어나야 한다. 근저 당권도 얼마든지 매수인에게 피해를 줄 수 있다.

경매 고수들은 선순위 근저당권에 대해서만큼은 그냥 지나치지 않는다. 특히 후순위 근저당권자가 경매를 신청한 경우, 1순위 근저당 권의 외형을 절대 신뢰해서는 안 된다. 기준권리가 2순위 근저당권으 로 이전되면 매수인이 부담해야 하는 권리가 될 수 있다. 근저당권은 이해관계인의 대위변제(대출금을 대신 갚아 주는 것)로 껍데기만 남을 수 있기 때문이다.

경매 법원에 제출된 채권계산서(대출금, 채권자들이 받을 돈)를 통해 허수아비 근저당권인지를 반드시 확인해야 한다.

매수인 잡는 가처분

왕십리에 사는 T씨(38세).

그는 대학을 졸업하자마자 중국을 오가며 보따리 장사를 시작했다. 처음에는 중국 사람에게 속아 버는 돈보다 날리는 돈이 더 많았다. 5년 정도 애꿎은 수업료를 날리고 나서야 돈을 모을 수 있었다. 하지만 바쁘다는 핑계로 '자산관리'의 방향조차 잡지 못하고 있었다. 그러던 중 2005년 출장길에 우연히 읽은 책 한 권으로 경매에 푹 빠졌다.

그는 1년 정도 경매 수련을 마치고 종잣돈(4억 6,000만 원)을 굴리기 위해 실전에 나섰다. 특히 재건축 아파트에 관심이 많았다. 복잡한 권리관계가 붙지 않고, 재건축 후에 자본수익을 기대할 수 있기 때문이었다.

2006년에 그는 강남 개포동에 있는 개포주공아파트(25.27㎡, 법원감정가 2억 4,000만 원)가 3차(1억2,288만 원)까지 유찰된 것을 찾아냈다. 권리관계도 평이했다. 1순위 근저당권, 2순위 가압류, 3순위 가처분순이었다. 1순위 근저당권 이후의 모든 권리는 경매로 전부 소멸되기 때문에 매수인이 부담해야 하는 권리는 없었다. 그런데 이렇게 좋은 물건이 3차까지 유찰됐다는 게 석연치 않았다.

더 자세히 알아보니, 3순위 가처분이 경매로 소멸되지 않고 매수인이 부담해야 했다. 경매물건의 현 소유자가 5,000만 원의 매매대금을 덜 지불한 상태에서 소유권을 이전받으면서 1순위 근저당권과 2순위 가압류까지 설정된 것이다. 전 소유자가 이에 매매대금 일부를 받지 못하게 되면서 소유권에 대한 '원인무효'를 다투는 가처분을 신청한 상태였다.

가처분은 부동산의 소유권에 관해 이해관계를 다툴 때 법원에서 판결을 내릴 때까지 부동산의 처분을 금지하는 것이다. 예를 들어 분쟁이 있는 부동산의 경우 권리관계의 위험과 불안을 제거하기 위해 분쟁이 해결될 때까지 방치하면 돌이킬 수 없는 손해가 발생할 수 있으므로 잠정적인 조치를 정하는 것이다(민사소송법 제714조 제2항 참조).

가처분은 선순위·후순위를 막론하고 가장 조심해야 하는 권리다. 선순위 가처분은 당연히 매수인이 인수해야 한다. 뒤에 나오는 가처분은 경매로 소멸된다. 단, 명심해야 할 점은 가처분에는 점유이전금지, 출입금지, 저당권변경금지, 소유권 이전금지가 있는데, 소유권 또는 선순위 저당권에 대한 '원인무효'를 다투는 가처분은 위험하다는 것이다. 기준권리보다 뒤에 나오는 가처분이라도 소유권에 대한 원인무효를 다투는 경우 경매로 소멸되지 않는다. 법원의 최종 판결에 따라 매수인이 인수해야 하는 권리가 될 수도 있다. 따라서 경매물건에 가처분이 붙어 있으면 가처분의 원인부터 찾아내는 것이 무엇보다 중요하다.

《사기史記》에 "교토삼굴狡兎三窟"이란 말이 있다. '똑똑한 토끼는 3개의 굴을 가지고 있다'라는 뜻이다. 경매 고수들은 가처분이 있으면 신중하게 권리분석을 하여 그 원인을 따져본다. T씨 역시 미리 따져보고 철저하게 진단했다. 그리하여 전 소유자의 매매잔금을 부담함과 동시에 가처분 해제에 대해 사전 합의하고, 4차 입찰에서 1억 3,000만 원에 낙찰받았다. 당시 매매시세보다 6,000만 원 정도 싸게 매입한 것이다. 현재 시세 대비 3억 4,000만 원 정도의 차익을 올리고 있다.

경매 하수들은 기준권리보다 앞에 있는 가처분만 조심할 뿐 후순위는 쉽게 무시한다. 가처분에 대한 무지로부터 얻을 수 있는 것은 실패뿐이다. 그러나 경매 고수들은 가처분에 대해서만큼은 선순위·후순위를 구별하지 않는다. 오직 가처분의 원인만을 정확히 알려고 할 뿐이다. 또한 가처분을 판단할 때는 구체적인 법 지식으로 판단한다.

그러므로 경매 부자가 되고 싶다면 어설픈 개인의 감각으로만 판단하지 말고, 법에 의지해 철저하게 원인을 파악한 후 접근해야 한다.

03

경매 부자들만
아는 경매대출
비법

자금계획은
처음부터 세워라

자동차 부품 회사에 다니는 B씨(46세).

그는 결혼을 하고 부인과 맞벌이를 계속 해왔기 때문에 다른 친구들보다 종잣돈을 빨리 모을 수 있었다. 하지만 주식 투자에 실패해 모두 잃고 빚더미에 올라앉았다. 그제서야 진지하게 재테크에 관심을 갖게 됐다. 돈을 모으는 것보다 굴리는 것이 더 중요하다는 진리를 깨달은 것이다. 그는 주말마다 재테크 강좌를 찾아다니며 자산관리에 대한 시야를 넓혀 나갔다. 그리고 1년여 경매에 빠져 살았다. 부모님 집에 얹혀살면서도 내 집 마련보다 수익성이 높은 부동산에 관심을 두었다. 어느 정도 경매 지식을 쌓고 감을 잡은 후에 실전에 도전해봤지만 번번이 떨어졌다.

IMF가 끝나가던 2000년, 부동산 시장에 서서히 봄바람이 불기 시작했다. B씨는 부동산 투자에 나서야 할 시기라고 판단해, 더 열심히 경매물건을 찾았다. 운이 좋게도 그는 수원에 있는 4층짜리 모텔(대지 826.44㎡, 1차 법원감정가 8억 7,000만 원)이 6차(2억 2,800만 원)까지 유찰된 것을 발견했다. 현장방문을 통해 알아본 결과 여관의 월 수익은 대략 1,500만 원 정도였다. 직접 여관을 경영하지 않더라도 월 500만 원 정도의 임대수익이 보장될 것으로 보았다. 권리분석에 어려움도 없었다. 여관이라서 전입신고를 한 임차인도 없었다. 근저당권 3건, 가압류 13건이 있을 뿐이었다. 특별한 문제가 숨어 있어서 유찰된 것도 아니었다. 단지 IMF라는 긴 터널을 지나는 동안 투자자들이 망설이거나 관심을 두지 않은 것뿐이었다.

남은 문제는 자금문제를 해결하는 것이었다. 많은 사람들은 낙찰받은 후에 자금계획을 세우지만 B씨는 달랐다. 그는 경매에 들어가기 전에 자금계획부터 점검했다. 예상 입찰가격 대비 종잣돈(1억 5,000만 원)을 감안하면 적어도 1억 3,000만 원 이상의 대출금이 필요했다.

그는 저축은행을 전전하며 경매대출에 대해 알아봤다. 문제는 높은 금리였다. 당시 시중은행의 대출금리가 연 4~7%였는데, 경매대출금리는 연 16~18%나 됐다. 그러나 7년 동안 급여이체를 한 주거래 은행에서 연 7.4%의 금리로 경매대출(1억 3,000만 원)을 받을 수 있었다. 자금계획을 꼼꼼히 세운 B씨는 7차 입찰에 참가했다. 워낙 유찰이 잦은 물건이라 경쟁자만 12명이나 됐지만 모두 물리치고 2억 8,000만 원에 낙찰받는 데 성공했다. 이후 5년 동안 여관을 임대(월세 500만 원)하다가 2006년에 15억 5,000만 원을 받고 처분했다. 투자금액 대비 5.5배의 자본수익을 얻은 것이다.

경매 부자들이 처음부터 많은 자금을 가지고 경매에 도전한 경우는 많지 않다. 그들은 입찰에 참가하기 전에 빈틈이 생기지 않게 노력한다. 낙찰에 성공하고도 잔금을 구하지 못해 허둥대지 않도록 사전에 예상 입찰가격을 정하고 그에 맞게 자금계획을 철저히 세운다.

또한 금융비용을 줄이기 위해 저축은행이나 사채 등을 이용하지 않고 시중은행(주거래 은행)을 이용한다. 반면 대부분의 경매 하수들은 머릿속에 떠도는 막연한 자금구상만 세운 채 10%의 입찰보증금으로 경매에 뛰어든다. 낙찰을 받은 후에 잔금을 마련하지 못해 입찰보증금마저 날리는 우를 범하는 일이 흔하다.

종잣돈이 충분하지 않아 경매대출을 받아야 할 경우, 자기 사정에 맞는 유리한 은행을 알아둬야 쓸데없는 지출을 줄일 수 있다. 만약 B씨가 상호저축은행을 통해 경매대출을 받았다면 엄청난 대출이자를 지불해야 했을 것이다. 제1금융권과 제2금융권 간의 경매대출금리 차이는 제법 크다. 당시 B씨가 은행에서 받은 경매대출(1억 7,000만 원, 연 7.4%)

의 연간 금융비용은 1,258만 원이다. 그러나 제2금융권인 상호저축은행에서 대출을 받았다면 이자(연 15%)가 2,550만 원으로 1,292만 원을 더 지출해야 했다. 그러나 더 심각한 문제는 매수인들이 자금계획을 소홀히 했다가 사채 시장에서 돈을 빌리는 경우다.

경매 고수들은 은행의 문을 두드린다. 경매대출에 따른 금융비용을 줄이기 위해서다. 설령 대출을 받지 못하는 상황이라도 은행의 문턱을 넘어서기 위해 노력한다. 그러나 경매 하수들은 애초부터 시중은행의 문을 두드릴 생각은 하지 않는다. 막연하게 생각하다가 금융비용이 많이 지출되는 제2금융권, 그것도 안 되면 사채 시장에 발을 내딛는다. 시중은행을 두려워하지 마라. 돈을 벌고자 하다가 도리어 빚만 키울 수도 있다.

돈이 부족하면
방 개수 많은 주택은 피하라

분당에 사는 Y씨(52세).

그는 10년 넘게 대기업 과장으로 근무했지만 30대 후반에 IMF라는 험난한 파도를 넘지 못하고 명예퇴직을 당했다. 당시 그가 손에 쥔 돈은 퇴직금을 합쳐 2억 1,000만 원이 전부였다.

명예퇴직 후 그는 부동산 중개업을 하던 친구로부터 경매 투자를 권유받았다. 처음엔 겁부터 났다. 같이 퇴직한 동료들 중 사업에 실패해 퇴직금마저 전부 날려버렸다는 소식을 들을 때마다 가슴을 부여잡았다. 그는 중학교에 다니는 두 딸과 아내를 생각하면 사업이랍시고 무작정 뛰어들 수 없었다. 사업에 실패해도 투자원금을 지킬 수 있어야 했다.

그는 임대주택사업이라면 안정적일거라고 생각했다. 하지만 주택을 매입하기에는 가진 돈이 부족했기에 친구의 조언대로 경매를 공부하기 시작했다. 경매로 다가구주택을 매입해 임대사업을 할 작정이었다. 경매 공부는 생각만큼 쉽지 않았다. 하지만 가족을 생각해 8개월 동안 이를 악물고 고시생처럼 매달렸다. 권리분석을 할 수 있을 정도가 되자 자신감이 생겼다. 드디어 그는 안정적인 주택임대사업을 위해 다가구주택을 찾아 나섰다.

2001년에 그는 3호선 지하철역에서 가까운 신사동에 있는 3층(방 15개)짜리 다가구주택(대지 292㎡, 법원감정가 4억 8,000만 원)이 2차(3억 720만 원)까지 유찰된 것을 찾아냈다. 그는 경매에 참가하기 전에 권리분석뿐만 아니라 현장조사도 철저히 마쳤다. 경매로 모든 권리가 소멸되는 물건인데다 세입자들은 대항력이 없었다. 당시 주변지역의 월세 수준을 감안하면 방 1개당 보증금 500만 원에 월세 30만 원은 충분히 받을 수 있을 것으로 기대했다. 마지막으로 자금계획을 세웠다. 부족한 돈은 대출로 해결할 생각이었다. 주거래은행을 통해 주택담보대출비율(80%)까지 확인해뒀다.

만반의 준비를 끝낸 Y씨는 떨리는 마음으로 3차 입찰에 참가해 3억 2,000만 원을 써냈다. 그리고 차순위매수신고인과 360만 원 차이로 최고가매수신고인이 되어 낙찰받는 데 성공했다. 그는 성공의 기쁨을 잠시 뒤로 미루고 대금을 납부하기 위해 주거래은행에 1억 1,000만 원 경매대출을 신청했다. 그런데 이게 웬일인가. 대출 불가 통보를 받은 것이다. 대출감정가 3억 4,000만 원에서 담보비율 80%를 적용하고, 소액보증금 1억 8,000만 원(방 15개×소액보증금 1,200만 원)을 공제하니 최대 대출가능금액은 9,200만 원뿐이었다. 은행에서 대출해줄 때 방개수에 따른 소액보증금을 공제한다는 사실을 미처 몰랐던 것이다. 대금은 1,800만 원이나 부족했다. Y씨는 대금을 납부하지 못할 상황에 처했다. 자칫 입찰보증금 3,200만 원마저 날릴 처지가 된 것이다.

담보감정가 3억 4,000만 원×주택담보비율 80%=2억 7,200만 원

2억 7,200만 원 − 소액보증금 1억 8,000만 원=

경매대출 가능금액 9,200만 원

(2001년 소액보증금 공제 1,200만 원 / 2012년 소액보증금 공제 2,500만 원)

다행히 급한 사정을 듣고 처가에서 1,800만 원을 빌려주어 대금을 납부할 수 있었다. 이런 우여곡절 끝에 현재는 매월 임대수익으로 1,200만 원을 벌고 있다. 주변 매매시세를 감안하면 집값만 해도 20억 원이 넘는다.

경매는 권리분석만이 능사가 아니다. 미래가치가 있는 부동산을 잘 고르는 것부터 시작해 권리분석, 자금계획의 3박자가 모두 잘 맞아

떨어져야 한다. 일반적으로 다가구 · 다세대주택은 방 개수 때문에 경매대출 한도가 줄어든다. 따라서 자금계획이 완벽하지 못하다면 방 개수가 많은 주택은 피하는 것이 좋다. 주택임대차보호법에서 보호하는 방 1개당 소액보증금을 공제하기 때문이다. 주택의 경우에는 담보비율에 경매대출 한도가 아닌 방 개수까지 감안한 경매대출 가능금액을 계산해야 경매에 실패하지 않는다.

《주역》에 "덕미이위존德微而位尊"이란 말이 있다. '나가고 물러날 때를 알아야 한다'라는 뜻이다. 인격은 없는데 지위는 높고 지혜는 없는데 꿈이 너무 크면 화를 입는 것처럼 경매 고수라 해도 공격할 때와 물러설 때를 알아야 한다. 좋은 부동산 앞에서는 이성을 잃어버리는 경매 하수들과 달리 경매 고수들은 아무리 물건이 좋아도 자금계획이 확실하지 않으면 움직이지 않는다. 경매에서는 자금사정을 감안해 경매 물건을 골라야 한다.

좋은 부동산을 낙찰받아 놓고도 자금이 부족하면 입찰보증금만 날릴 수 있기 때문이다. 특히 방 개수가 많은 물건은 차선책의 자금계획까지 세워야 한다. 경매 부자가 되려면 철저한 자금계획부터 세우는 습관을 가져야 한다.

대금납부와
소유권이전등기를 같이 하라

금융회사에 다니는 A씨(36세).

그녀는 가난한 집안에서 태어난 탓에 다른 친구들과 달리 고등학교를 마치자마자 취업전선에 뛰어들어야 했다. 경제적으로 빨리 성공하고 싶었기에 라면으로 끼니를 때워가며 직장생활 8년 만에 1억 4,000만 원을 모았다.

2006년에 그녀는 개포주공 2단지 전셋집(보증금 2,000만 원) 만기를 앞두고 있었다. 그런데 집주인이 전세를 월세(보증금 300만 원, 월 30만 원)로 전환하겠다며 통보를 해왔다. 집 없는 서러움에서 벗어나고 싶었던 그녀는 돈이 부족했지만 대출을 끼고라도 집을 마련해야겠다고 굳게 마음먹었다.

그래서 서울에 처음 올라와 자리를 잡은 개포동을 누비고 다니며 싸게 나온 급매물을 찾아다녔다. 동시에 대법원 경매 사이트를 뒤지면서 소형 아파트를 수배했다. 운이 좋았는지 그녀가 사는 개포주공 2단지에서 가장 평수가 작은 아파트(대지 7.5평, 법원감정가 3억 3,000만 원)가 1차(2억 6,400만 원) 유찰된 것을 발견했다. 매매시세가 3억 5,000만 원 선에 형성되어 있었지만, 그 물건에 관심을 두는 사람이 거의 없는 것 같았다. 근저당권 3건에 가압류 1건, 세입자는 대항력이 없었고 권리관계도 간단했다. 그녀는 더 유찰되기를 기다릴 것 없이 부족한 돈은 대출로 해결하기로 하고 경매에 참가했다. 그리하여 2차 경매에서 2억 8,000만 원에 낙찰받는 데 성공했다.

이자가 조금 걸리기는 했지만, A씨는 여러 은행을 돌아다니며 대출금리는 물론이고 상환조건, 대출기간, 근저당권설정 비용 등 대출조건을 꼼꼼히 따졌다. 그리고 비교적 조건이 좋은 은행에서 경매대출을 받아 대금을 납부했다. 현재(2012년) 그 아파트는 매매시세가 5억 5,000만 원 선에 형성되어 있다. 재건축이 끝나면 투자금액 대비 5억 원 이상의 수익을 기대하고 있다.

부동산 시장에서 경매가 한 축을 차지한 지 오래다. 한 해 경매 시장의 거래규모가 수십조 원을 넘어서고 있다. 그러나 아직까지 경매 시장이 본격적으로 활성화되지 않고 있다. 여러 이유가 있겠지만 일반 부동산 시장에 비해 대출 지원이 원활하지 못한 탓도 있다. 즉, 제1금융권에서는 대출을 받기가 어렵기 때문이다.

　제1금융권에서 경매대출을 꺼리는 이유는 법률관계가 복잡해서 권리분석을 하는 데 애를 먹기 때문이다. 반면 경매대출을 취급하는 일부 은행에서는 낙찰받은 부동산에 대해 담보감정을 하고 담보비율을 적용해 대출을 해준다. 그렇다고 대출금리가 특별히 높은 것이 아니고, 담보로 제한을 받지도 않는다. 아파트를 비롯해 주택, 상가, 공장, 여관, 나대지 등 모든 경매물건을 담보로 경매대출을 받을 수 있다.

　경매대출을 받기 위해서는 ① 대금을 납부한 후 ② 소유권 이전을 마치고 ③ 근저당권설정을 끝내야 한다. 그러나 이 순서대로라면 경매대출이 아닌 일반 담보대출이 된다. 경매대출은 대금을 납부하기 위해 필요한 자금이다. 다시 말해 소유권을 이전하기 위해서는 대출이 선행돼야 앞선 ①~③의 절차를 마칠 수 있다. 일반적으로 경매로 매수한 부동산은 대금을 납부한 후 소유권 이전까지 대략 일주일이 소요된다. 그러나 집행관 송달이 이뤄질 경우 대금납부 당일에 소유권 이전 및 근저당권 설정이 가능하다. 따라서 경매대출에서 이 모든 진행과정은 대금납부일 하루 만에 이뤄진다.

　한마디로 경매대출은 대금을 납부함과 동시에 소유권 이전을 마치면 가능하다. 단, 제1금융권에서는 대출과 동시에 대금납부와 소유권이전등기를 한꺼번에 처리하므로 적극적으로 주거래 은행에 경매 대출이 가능한지를 확인해야 한다.

《주역》에 "궁즉통窮則通"이란 말이 있다. '궁하면 통한다'는 뜻이다. 실제로 경매대출을 받기가 쉬운 일이 아니다. 그러나 대부분의 매수인들은 경매대출을 힘들다고 여기지 않는다. 애초에 은행에서 경매대출을 해주지 않거나 거절 통지를 하면 바로 사채 시장으로 가면 된다고 생각하기 때문이다. 그러나 같은 돈을 빌리더라도 군이 비싼 이자를 물어가며 투자할 이유가 없다. 궁하면 변하게 되고, 변하면 통할 수 있다는 진실을 무기로 도전하자.

유치권이 있어도 경매대출을 받을 수 있다

대구에 사는 L씨(47세).

그는 3억 1,000만 원을 손에 쥐고 경매에 나섰다. 노후에 대비해 수익성이 있는 부동산만 골랐다. 매월 임대수익을 올릴 수 있다면 아파트, 토지, 어느 것이든 마다하지 않았다. 그러면서도 결코 서두르지 않고 차분하게 때를 기다렸다.

2005년에 그는 드디어 마음에 드는 물건을 찾았다. 인천에 있는 2층짜리 근린상가(대지 429.75㎡, 법원감정가 7억 5,600만 원)가 4차(3억 965만 원)까지 유찰되어 있었다. 유찰이 잦은 이유는 유치권(1억 5,000만 원)이 설정되어 있었기 때문이다. L씨는 인천을 오가며 주변지역을 살펴보고 유치권에 대해 알아보았다. 인천 주변지역에 신도시가 들어서고 있어서

상권이 쇠퇴하지 않을까 우려했는데 실제 분위기는 달랐다. 경매물건이 있는 뒷골목이 대로변보다 유동인구가 많았다. 대부분 젊은이들로 상권이 활기차게 살아 움직이고 있었다. 주변 상인들 말로는 송도신도시가 생겨도 상권이 죽을 일은 없을 것이라 단언했다. 경매물건의 미래가치가 충분해 보였다. 등기부에 공시된 권리들은 경매로 모두 소멸되는 것이었다. 문제는 유치권이었는데, 그는 해결할 자신이 있었다.

일반적으로 사람들은 유치권이 붙어 있으면 금액에 상관없이 아예 쳐다보지 않는다. 도리어 L씨는 그 점을 노렸다. 유치권을 부담한다 해도 3억 5,000만 원에 낙찰받는다면 승산이 있다고 여겼다. 주변의 매매시세(7억 5,000~8억 5,000만 원)대로라면 유치권을 부담하고도 최소한 2억 5,000만 원의 수익을 챙길 수 있을 것이라 계산했다. 매월 챙기는 임대수익(월 600만 원)도 짭짤할 것 같았다.

L씨는 5차 입찰에서 3억 6,000만 원에 낙찰받았다. 유치권을 부담한 매수가격이 5억 1,000만 원으로 시세차익만 최소 2억 4,000만 원이나 됐다. 그는 유치권을 차후로 미루고 부족한 자금을 마련하기 위해 분주하게 움직였다. 주거래 은행의 문을 두드려본 결과, 유치권 때문에 경매대출이 불가능했다. 그래도 포기할 수 없었다. 5,000만 원만 더 있으면 2억 원이 넘는 수익을 올릴 수 있는데 입찰보증금마저 날린다는 것은 말도 안 되는 일이었다. 큰 난관이 있었지만 결론부터 말하

자면 L씨는 경매대출(5,000만 원)을 받아 그토록 원하던 상가를 손에 넣을 수 있었다.

유치권이란 건물을 점유한 사람이 그 건물 때문에 생긴 채권(받을 돈)을 전부 돌려받을 때까지 계속 점유할 수 있는 권리다. 그 주장이 정당하다면 유치권은 매수인이 부담해야 한다. 따라서 유치권이 있는 물건은 아무도 거들떠보지 않는다. 원칙적으로 제1금융권은 경매물건에 유치권이 있으면 대출을 해주지 않는다.

하지만 완전히 불가능한 것이 아니다. 유치권에 대해 상세하게 설명하고, 유치권을 주장하는 권리금액을 확실하게 입증하면 된다. 유치권이 객관적으로 확정되면 이를 선순위로 공제하고 대출이 가능하다. L씨의 경우 경매물건의 담보감정가에서 유치권을 선순위 권리로 공제했기에 경매대출이 가능했다. 예를 들어 L씨가 받은 경매물건의 은행 담보감정가격(5억 3000만 원)에 담보비율 60%를 적용하면 대출한도는 3억 1,800만 원이다. 여기에 유치권 1억 5,000만 원을 선순위로 공제하면 최대 1억 6,800만 원까지 경매대출이 가능하다.

《삼십육계三十六計》에 "무중생유無中生有"라는 말이 있다. '무에서 유를 창조하라'는 뜻이다. 경매대출에서도 무에서 유를 창조해낼 수 있다. 특히 유치권이 붙은 물건이 그렇다. 유치권이 붙어 있다고 해서 피하는 게 능사가 아니다.

경매 고수들은 유치권이 있는 물건을 보고 또 본다. 유찰이 잦은 물건은 더 유심히 살펴본다. 아무리 물건이 먼 곳에 있어도 현장을 여러 차례 오가며 미래가치를 판단한다. 그들은 유치권이 있는 물건이 오히려 높은 수익을 안겨 줄 수도 있다는 사실을 잘 알고 있다.

그러나 경매 하수들은 유치권이 있는 물건은 일단 피하고 본다. 반듯한 경매물건만 찾는다. 유치권이 있다는 이유로 현장은 방문해보지도 않는다. 대체로 유치권이 있으면 경매대출을 절대로 받을 수 없다고 여기는 사람들이 많은데, 대출금 한도에서 유치권을 공제하면 얼마든지 대출을 받을 수 있다.

지금의 대출 시장은 수요자 우위다. 자금용도만 명확하다면 일반 담보대출이건 경매대출이건 문제될 것이 없다. 경매 고수들은 대출을 받는 데도 고수다. 한두 군데 은행에서 거절당해도 또 다른 은행을 찾아다닌다. 그러나 경매 하수들은 일단 거절당하면 은행을 떠나 사채 시장으로 발길을 돌린다. 은행의 문은 언제든지 열려 있다. 경매 고수에게만 열려 있는 것이 아니다. 그 문은 누구나 열 수 있다.

플러스알파를 준비하라

재건축 대상 아파트를 장만한 K씨(38세).

부천에서 전세로 살고 있던 그가 소위 노른자 땅인 강남에 내 집 마련을 할 수 있었던 것은 경매대출 덕분이다. 사실 결혼 후 몇 년간 은 신혼생활의 달콤함에 젖어 재테크 같은 것이 눈에 들어오지도 않았다. 주말마다 여행을 다녔고, 매년 해외로 여행을 나갔다. 전셋집 (1억 5,000만 원)에 살면서 입사 동기들보다 좋은 차를 몰고 다녔다. 버는 족족 써댄 통에 저축은 어림도 없었다. 돌이켜보면 철없던 시절이었다. 어느 날 문득 정신을 차리고 보니 주변 친구들은 하나둘 집을 마련하여 안정적인 생활을 만끽하고 있었다. 그는 마치 머리를 망치로 얻어맞은 기분이었다.

K씨는 아내와 상의해 지출을 줄이고 종잣돈을 모으기로 했다. 하지만 제 버릇 남 못준다고, 이전의 습관을 바꾸기란 여간 어려운 게 아니었다. 궁여지책으로 가계부를 쓰기 시작했다. 수입이 생기면 저축부터 했다. 구두쇠가 되어 5년 동안 1억 1,000만 원을 모았다. 하지만 집값이 너무 올라 집을 장만하는 건 너무 요원했다. 게다가 월급은 오르지 않는데 물가가 천정부지로 치솟으면서 아이들 교육비를 포함한 지출이 늘었다. 월 소득 350만 원에서 아끼고 아껴 매월 170만 원씩 저축했지만 내 집 마련이라는 꿈에 이르는 거리가 좀처럼 좁혀지지 않자 매일이 고달프기만 했다.

지친 그에게 다시 희망이 생겼다. 바로 부동산 경매였다. 들리는 바에 따르면 계약금(입찰보증금) 10%만 있으면 아주 싼 값에 아파트를 장만할 수 있다고 했다. 그는 오뉴월 여름날의 목마름 같은 절박함으로 경매와 인연을 맺게 됐다.

2005년에 서초동에 있는 무지개아파트(82㎡, 법원감정가 3억 6,000만 원)가 2차(2억 3,040만 원)까지 유찰되어 있었다. 월세(보증금 2,000만 원, 월세 70만 원)로 살고 있는 대항력 있는 세입자 때문에 유찰된 것이다. 근저당권을 비롯한 다른 권리들은 경매로 모두 소멸되는 것이었다. 매매시세(3억 8,000만 원)보다 40% 정도 싼 가격에, 주변시설이나 교육환경도 나쁘지 않았다. 돈이 부족하긴 했지만 대출을 염두에 두고 있었다. 그는 망설임 없이 3차 입찰에서 매수금액의 10%에 해당하는 2,850만 원의 입찰보증금을 써내 2억 8,500만 원에 낙찰받았다. 대항력 있는 세입자의 보증금을 부담해도 시세보다 7,000~8,000만 원 싸게 매입한 것이다.

K씨는 주거래 은행에 경매대출을 신청했다. 하지만 대항력 있는 세입자 때문에 대출이 불가능했다. 먼저 대항력 있는 세입자부터 해결해야 했다. 그는 명도를 받아내기 위해 세입자를 찾아갔다. 처음에는 세입자가 문도 열어주지 않고 냉소적으로 대했다. 하지만 그는 삼고초려하는 마음으로 10번 넘게 찾아간 끝에 이사비용을 물어주는 조건으로 아파트를 명도받는 데 성공했다.

제1금융권에서는 경매대출 한도를 따질 때 낙찰가격을 기준으로 삼지 않는다. 새로운 담보감정가격으로 한도를 산정한다. 예를 들어 경매로 매수한 아파트의 담보감정가격이 3억 6,000만 원이면, 경매대출 한도액은 2억 원이다(담보감정가 3억 6,000만 원×담보비율 60%-소액보증금 1,600만 원). 따라서 K씨는 대금을 납부하는 데 충분히 경매대출을 받을 수 있었다. 앞서 설명했지만 세입자의 전입일자가 기준권리(근저당권 외)의 설정일자보다 빠를 때는 매수인이 세입자의 보증금을 전액 부담해야 한다.

그리하여 K씨는 경매대출(1억 9,500만 원)을 받아 대금을 납부했고, 새로운 세입자에게 전세보증금(1억 4,000만 원)을 받아 대출금을 일부 갚았다. 2012년 현재 매매시세를 감안하면 그는 3억 5,000만 원 정도의 자본수익을 올린 셈이다. 재건축 이후의 추가 수익도 기대하고 있다.

이처럼 경매 고수들은 자금조달에서도 달인이다. 부족한 돈은 경매대출에만 의존하는 것이 아니라, 전세보증금도 적절하게 이용한다.

프랑스의 리슐리외Richelieu 추기경은 "경험이 우리에게 가르쳐주는 바에 따르면, 미리 앞서 내다보고 계획을 수립하라. 그러면 때가 왔을 때 신속하게 움직여 그 계획을 실행해 성공할 수 있다."라고 했다.

부동산 경매는 가격의 종합예술이다. 잘 매수하면 많은 자본수익을 기대할 수 있다. 그러나 경매에 나서는 사람들 중에는 조급한 이들이 많다. 권리분석 좀 한답시고 불나방처럼 경매에 달려든다. 하지만 낙찰에 성공하고도 입찰보증금마저 허무하게 날려버리는 일이 허다하다. 반면에 경매 고수들은 몇 수를 내다보고 계획을 세워 미래의 기회를 기다린다.

경매는 절대로 입찰보증금 10%만으로는 어림없다. 플러스알파를 준비하지 않으면 좋은 기회도, 입찰금도 모두 날릴 수 있다. 그러므로 경매대출금 또는 전세보증금 등의 대출을 준비하는 지혜를 발휘해야 한다. 반드시 입찰보증금과 플러스알파를 준비하라.

감정가의 100% 대출이
가능한 이유

사우나 사장님으로 변신한 H씨(45세).

그는 시골의 한 고아원에서 자랐다. 부모님이 누구인지도 모른 채 중학교만 마치고 무작정 서울로 상경했다. 그리고 변두리 지역의 한 목욕탕에서 구두닦이 보조로 일했다. 16세부터 시작해 20년 동안 구두를 닦았다. 목욕탕 주인이 3번이나 바뀌는 사이, H씨는 결혼해서 아이도 낳고 경제적인 기반도 잡았다.

2000년에 목욕탕 사장이 미국으로 이민을 가게 되자 그는 1억 5,000만 원에 목욕탕을 인수했다. 그때부터 목욕탕 매출이 1.5배로 뛰었다. 매월 1,000만 원 이상 수익을 올렸다. 곁눈질로 배워온 목욕탕 경영 노하우와 그의 성실함 덕분이었다. 그런데 상가 주인이 임대료를 터무니없이 올리는 바람에 월 수익이 400~500만 원까지 줄었다.

H씨는 자기 건물이 아닌 이상 더는 장사하기 힘들겠다는 생각에 매물로 나온 목욕탕에 주목했다. 2002년에 신림동에서 사우나를 운영하던 동료 사장이 다른 사업에 손을 댔다가 실패하면서 잘되던 사우나가 경매에 넘어가고 말았다. 그 사우나는 지하에 위치했지만(건물 680㎡, 법원감정가 6억 5,000만 원) 주변에 2,000세대가 넘는 단지 상가에 있었기에 입지조건은 최상이었다. 그런데 유치권(3억 1,000만 원)이 붙어서 3차(3억 3,280만 원)까지 유찰된 상태였다.

그는 사우나가 위치한 주변지역에 대해 완전히 파악하고 있었지만 유치권에 대해서는 전혀 몰랐다. 다행스럽게도 경매물건의 주인이었던 동료 사장으로부터 사우나를 매수하는 데 결정적인 도움을 받았다. 유치권을 주장하는 사람들은 사우나와 관련된 채권자가 아니기 때문에 유치권을 내세울 권리가 없었던 것이다. 그는 4차 입찰에서 3억 8,000만 원에 낙찰받았다. 대금납부에 들어갈 돈과 수리비를 계산해보니 2억 5,000만 원 정도가 부족했다.

H씨는 경매대출을 알아보았다. 생각보다 은행의 담보감정가(3억 1,000만 원)가 낮아서 담보비율 60%를 적용하면 경매대출 최고 한도는 1억 8,600만 원밖에 되지 않았다. 그러나 그는 감정가의 81%에 해당하는 2억 5,000만 원을 대출받을 수 있었다. 매수인이 담보로 제공된 상가건물에서 계속 영업을 하면 담보비율에 상관없이 최대 담보감정가

의 100%까지 대출받는 조건 덕분이었다. 현재 H씨는 사우나를 운영하며 매달 운영비용과 은행이자를 공제하고도 1,500만 원의 수익을 올리고 있다.

경매대출은 단순히 담보감정가격에 담보비율만 적용하지 않는다. 위의 사례처럼 경매로 매수한 물건이 실질적으로 영업을 위한 사업장으로 사용된다면 담보감정가의 100%까지 가능하다. 이때 매수인이 직접 사업을 영위해야 하며 개인신용등급이 양호해야 한다. 대출금리는 개인의 신용등급에 따라 달라진다. 반면 시세차익이나 임대수익 목적으로 경매대출을 받는다면 상가건물 담보비율로 산정된 대출만 가능하다.

따라서 H씨처럼 매수한 물건을 직접 운영하고, 신용등급이 우수하며, 과거의 사업실적이 좋다면 담보비율을 뛰어넘는 대출을 받을 수 있다. 그러므로 경매대출과 사업자금이 필요한 경우에는 매수한 물건의 사용용도에 대해 정확하게 보여주는 수완이 필요하다.

경매 부자들 중에 경매물건을 매수해 개인사업을 하는 경우도 많다. 담보와 신용까지 감안해 대출을 많이 받을 수 있는 이점을 활용하기 위해서다. 은행에서는 경매물건이라고 해서 담보비율을 차별해 적용하지는 않지만, 매수인이 직접 사업을 한다면 경매대출과 함께 사업에 필요한 자금까지 빌려준다. 은행을 거래하는 입장에서 그들은 적금을 들거나 종업원들의 급여를 이체하는 등 서로 상부상조한다. 그러므로 개인사업장으로 상가건물이 필요하다면 경매를 통해 매입한 후 은행에 신용을 쌓아나감으로써 경매대출을 최대한 활용하는 것도 한 방법이다.

선순위 지상권도
다시 보자

의정부에 사는 B씨(31세).

그는 중소기업에 다니는 평범한 회사원이다. 4년간 사귄 여자 친구와 결혼을 하고 싶어도 결혼자금이 부족해 차일피일 미루고 있었다. 여자 친구가 모은 돈과 가진 돈을 모두 합해도 6,000만 원으로, 서울에서 전세 얻기도 힘들었다. 그때부터 그는 재테크에 관심을 갖게 됐다. 물론 경매도 예외는 아니었다.

그는 사회교육원에서 경매과정을 마치고 실전에 나서기로 했다. 특히 유찰 횟수가 많은 물건만 골랐다. 유치권이 있는 상가건물을 비롯해 대항력 있는 세입자가 서너 명씩 있는 다세대주택까지, 하나부터 열까지 모두 살펴봤다.

2001년에 그는 마음에 쏙 드는 물건을 하나 찾아냈다. 사당동에 있는 나대지(지상에 건축물 등이 없는 대지, 236㎡, 법원감정가 3억 600만 원)로, 5차(1억 27만 원)까지 유찰된 물건이었다. 권리관계를 살펴보니 선순위 지상권과 함께 근저당권 3건, 가압류 2건, 압류 2건이 붙어 있었다. 5차까지 유찰된 이유는 선순위 지상권 때문이었다.

지상권은 타인의 토지에서 건물이나 기타의 공작물, 즉 건물, 교량, 터널이나 수목을 소유하기 위해 그 토지를 사용할 수 있는 권리다. 또한 해당 토지의 지상이나 지하를 포함한다(민법 제279조 참조). 일반적으로 지상권은 당사자(토지 소유자와 임차인)들 간의 계약으로 권리를 취득하지만, 상속을 비롯한 판결, 경매, 공용징수 등으로도 취득할 수 있다. 지상권은 제3자에게 대항할 수도 있다.

즉, 기준권리보다 앞서는 선순위 지상권은 경매로 소멸되지 않고 매수인이 인수해야 한다. 그래서 유찰이 잦고, 당연히 경매대출도 받을 수 없다. 하지만 선순위 지상권이라 해도 근저당권자가 담보물건을 보호하기 위해 설정된 것이라면 실무적인 측면에서 경매로 소멸된다. 근저당권자가 지상권을 함께 설정하는 이유는 담보로 잡은 토지를 제3자가 무단으로 사용해 관습법상의 또 다른 권리가 생기지 않도록 사전에 차단하기 위해서다.

B씨는 혹시나 하는 생각에 현장을 방문했다. 주택가 사이에 있었

지만, 시세는 1㎡당 150만 원을 호가했다. 지하철 2ㆍ4호선이 연결된 사당역에 가까워서 세입자 수요가 풍부한 탓이었다. 다가구ㆍ다세대 주택지로 적합해 보였다. 그런데 잘 살펴보니 토지에 건물 또는 수목이 있어야 하는데 빈 땅인 것이 이상했다. 지상권자를 확인해보니 1순위 근저당권자와 동일했다. 채권자인 은행이었다. 게다가 지상권과 근저당권의 설정일자도 같았다.

B씨는 지상권을 설정한 채권은행에 찾아가 내용을 확인해봤다. 은행에서 나대지를 담보로 돈을 빌려줄 때 1순위 근저당권, 2순위 지상권으로 동시에 설정한다는 것이다. 그러나 등기소에서 근저당권설정계약서와 지상권설정계약서의 접수순서가 바뀌면 간혹 지상권이 1순위로 설정될 수도 있다. 바꿔 말하면 채권은행이 1순위 지상권과 동시에 근저당권을 설정한 경우, 선순위 지상권을 매수인이 인수하지 않아도 경매로 소멸될 수 있다. 또한 경매대출도 가능하다.

B씨는 모든 조사를 끝낸 후 6차 입찰에서 1억 1,000만 원에 낙찰받았다. 그리고 경매대출 5,000만 원을 받아 대금을 납부하고 소유권을 넘겨받았다. 선순위 지상권 덕분에 매매시세보다 무려 80%나 싸게 매수한 셈이다. 그는 매수한 땅을 1년 3개월 보유했다가 4억 3,000만 원에 팔았다. 세금과 기타 비용을 감안해도 2억 5,000만 원이 넘는 수익을 챙겼다. 경매에 입문한 지 2년 6개월 만에 결혼자금을 마련한 것이다. 지금은 결혼해서 아들, 딸을 낳고 행복하게 살고 있다.

《중용中庸》에 "지성무식至誠無息"이란 말이 있다. '지극한 정성은 쉬지 않는다'라는 뜻이다. 경매 고수들은 선순위 지상권은 안 된다는 선입관 따위는 애초부터 벗어던지고 경매에 돌입한다.

처음부터 완벽하게 준비해둔 자금을 가지고 경매를 하여 부자가 된 사람들은 많지 않다. 대부분 B씨처럼 부족한 자금 때문에 좋은 물건을 놓치지 않으려 경매대출을 꼼꼼히 확인하는 기지를 발휘한다. 또 평범한 경매물건에만 관심을 두지 않는다. 유찰 횟수가 잦은 '기피물건'도 철저히 따져본다. 경매에 따른 위험을 잘 해결해 자본수익을 극대화시키는 방향으로 머리를 굴린다.

경매 부자가 되고 싶다면 선순위 지상권이라고 무조건 등 돌리지 말고 눈을 크게 뜨고 확인해볼 일이다. 경매대출을 받을 수 있을 뿐 아니라 매수인이 인수하지 않아도 되는 권리를 찾아낼 수 있음을 명심하라.

부자들만 아는
경매대출 비법

경매 고수들은 권리분석뿐만 아니라 경매대출을
잘 활용한다. 대부분 종잣돈을 쌓아놓고 경매를 시작하는 것이 아니기
때문에 경매대출은 필수조건이나 다름없다. 완벽한 경매 고수로 거듭
나려면 부자들만 아는 효과적인 경매대출 비법을 알아두어야 한다.

첫째, 자신의 신용도를 관리하라

일반적으로 은행은 아무리 담보가 있어도 신용도가 나쁘면 돈을
빌려주지 않는다. 반면에 신용도가 좋으면 금리인하 우대를 받을 수
있다. 매수인의 신용도에 따라 경매대출 금리가 차등 적용되기 때문이
다. 신용도를 관리하기 위해서는 신용카드 대금납부 연체는 금물이다.

현금서비스도 받지 않는 게 좋다. 혹시 다른 금융기관에 대출을 받은 적이 있는지, 이자를 연체시키지는 않았는지 꼼꼼하게 체크한다. 심지어 사채 시장이라는 말조차도 떠올리지 말아야 한다.

둘째, 금리가 낮은 금융기관을 선택하라.

많은 사람들은 경매대출에 대한 금리를 잘 따지지 않는다. 급한 나머지 높은 이자를 감수하고도 대출을 받으려 한다. 경매 부자들은 경매대출에서도 금리를 중요하게 여긴다. 대출을 아무리 많이 받을 수 있다 해도 금리가 높으면 섣불리 손을 대지 않는다. 그들은 우대금리를 적용받기 위해 주거래은행하고만 거래를 하는 꼼수를 발휘한다. 급여이체, 각종 공과금 자동이체 등 은행에서 처리할 수 있는 일은 모두 주거래은행으로 집중시킨다.

경매대출의 경우 변동금리와 고정금리를 선택할 수 있는데, 경매 부자들은 금리가 하락할 때는 변동금리를, 금리가 상승할 때는 고정금리를 선호한다(일반적으로 고정금리가 변동금리보다 1~2% 높다). 향후 시장금리 전망을 감안해 신중하게 선택하는 것도 고려해봐야 한다.

셋째, 먼저 담보비율을 따져라.

일반적으로 경매대출이라고 하면 부동산의 종류에 상관없이 낙찰가의 90%까지 받을 수 있다고 생각한다. 그러나 경매대출 한도는 담보비율로 정해진다. 담보비율은 모든 부동산에 동일하게 적용되지 않는다. 담보비율은 부동산이 소재한 지역에 따라, 부동산의 종류에 따라 다르게 적용된다. 예를 들어 같은 지역이라 해도 서울 강남구의 아파트는 담보비율이 40%이지만, 상가건물은 65%다. 반면 강북 지역에 소재한 아파트의 담보비율은 60%이지만, 상가건물은 45%다(서울 동대문구 소재). 그러므로 경매대출이 필요하다면 사전에 반드시 담보비율을 확인해야 한다.

넷째, 경매대출에 조건이 붙는지를 확인하라.

일반적으로 담보대출을 받는 사람을 '을'로 취급하는 은행은 없다. 예금하는 사람보다 대출받는 사람이 VIP 대접을 받는다. 은행 입장에서 이자를 내주는 것보다 이자를 받아야 수익을 낼 수 있기 때문이다. 그러나 경매대출은 사정이 좀 다르다. 똑같은 부동산을 담보로 제공하고 돈을 빌리는 것이지만 각종 수수료를 부담하고 적금이나 예금 등의 상품가입을 조건부로 내세우는 경우가 있다. 게다가 경매대출 기간이 상대적으로 짧거나 상환조건이 까다롭기도 하다.

경매 부자들은 특별한 조건이 붙어 있는 경매대출에는 일체 눈길을 주지 않는다. 따라서 경매대출을 받는 데만 신경 쓸 게 아니라, 대출부터 상환까지 거쳐야 하는 모든 조건을 하나하나 따져봐야 한다.

다섯째, 권리분석의 벽을 넘어라.

경매를 처음 접하는 사람들은 하나같이 권리분석을 두려워한다. 하지만 경매를 한두 번 해보면 권리분석이 생각만큼 어렵지 않음을 알수 있다. 권리분석은 부동산을 낙찰 받을 때만 쓰이는 것이 아니다. 경매대출을 받을 때도 필요하다.

경매에 대해 조금이라도 공부를 해본 사람들은 물건에 매수인이 부담해야 하는 권리가 있으면 경매대출을 받지 못한다고 알고 있지만 방법이 전혀 없는 것은 아니다. 경매대출 한도에서 매수인이 부담해야 하는 권리를 선순위로 공제하면 된다. 예를 들어 유치권(5,000만 원)이 붙은 상가건물(담보감정가 5억 2,000만 원)을 매수한 경우, 유치권을 해결하기 전에는 경매대출을 받을 수 없다. 그러나 경매대출 한도인 3억 1,200만 원(담보감정가 5억 2,000만 원 × 담보비율 60%)에서 매수인이 부담해야 하는 유치권을 공제하면 된다. 따라서 선순위 권리가 붙었다고 해서 무조건 경매대출을 받을 수 없다고 낙심할 필요는 없다.

04 경매 부자들의
인생 역전
스토리

경매에서 최고의 적은
'두려움'이다

어묵 가게를 운영하는 C씨(55세).

한때 대기업에서 잘 나가던 중견간부였던 그는 IMF의 여파를 피하지 못해 실직당하고 몇몇 사업에 손댔지만, 결국 집까지 경매로 날리고 말았다. 간신히 친척의 도움을 받아 어묵 장사를 시작하며 한파가 몰아치는 날씨 속에서도 개미처럼 일했다. 쉬는 날도 없이 2~3년 어묵을 팔다 보니 단골이 생길 정도로 장사가 꽤 잘됐다. 차츰 돈도 조금씩 모이기 시작했다.

그런데 2006년에 건물주의 부도로 난데없이 어묵 가게(30㎡, 법원감정가 2억 3,400만 원)가 경매로 넘어갔다. 그는 예전에 경매로 집을 날려본 적이 있던 터라 경매라는 말만 들어도 끔찍했다. 또다시 길거리로 쫓

겨날까 봐 하루하루 두려움 속에서 살았다.

법에서는 일정 규모의 상가 임차인에 대해 임대차보호를 받을 수 있는 규정을 두고 있다. 임차보증금 3억 원(서울의 경우, 보증금＋(월세×100) 환산액 기준)까지 '상가건물임대차보호법'이 적용된다. 대항력이 있는 세입자라면 상가건물이 경매를 당해도 임차보증금을 우선 변제받을 수 있기 때문에 걱정할 필요가 없다. 매수인에게 대항력을 행사할 수 있으며, 영업이 잘되는 상가건물이라면 최초 임대차 계약일로부터 5년까지 영업할 수 있다. 그러나 상가건물의 세입자가 법의 보호를 받지 못하면 하루아침에 길거리로 내몰린다. 그러므로 임차한 건물이 경매에 넘어가면 세입자들은 당황할 수밖에 없다.

불행히 C씨 역시 상가건물임대차보호법의 보호를 받을 수 없는 상황이었다. 임차보증금(7,000만 원, 월세 200만 원)과 권리금은 물론이고 단골손님마저 놓칠까봐 괴로웠다.

그는 IMF 시절 처절하고도 쓰라린 아픔 속에서 겪은 고통을 누구보다도 잘 알고 있었다. 가게를 포기할 수 없었다. 그러자 절망이 아닌 오기가 생기기 시작했다. 그는 어묵 가게를 매수하기로 했다. 경매에 대한 지식은 없었지만 집을 경매로 날린 경험이 있다는 것이 오히려 희망으로 다가왔다.

그는 경매 전문가를 찾아다니며 자문을 구했다. 어묵 가게가 시장 끝자락에 위치한데다 새벽 장사 위주였던 터라 오전 9시부터 오후 5시까지는 손님이 거의 없었다. 이것이 행운이었다. 항시 손님으로 들 끓던 곳이 아니었기에 투자자들의 관심을 받지 못했고 급기야 3차(1억 1,980만 원)까지 유찰됐다. 권리는 근저당권 5건, 가압류 7건, 대항력 없는 임차인이 전부였다. 경매로 전부 소멸되는 권리였다.

그는 4차 입찰에서 1억 3,500만 원에 낙찰받는 데 성공했다. 자금 (4,000만 원)이 많이 부족했지만 9,500만 원의 경매대출을 받아 대금을 납부했다. 9평짜리 작은 가게지만 어엿한 상가의 주인이 된 것이다. 대항력이 없어 법의 보호를 받을 수 없는 처지였기에 더욱 꿈만 같았다. 2년 만에 대출금을 전부 상환하고 이제는 종잣돈을 모으고 있다. 장사 또한 새벽이면 손님이 줄을 설 정도로 잘되고 있다.

경매에 성공한 사람들도 역으로 경매를 당하면 처음에는 패닉 상태가 된다. 그 정도로 경매는 무서운 것이다. 더욱이 세입자 신세에서 경매로 성공하기란 쉽지 않다. 그러나 현실을 직시하고 적극적으로 도전하다 보면 경매가 어렵지만은 않다는 사실을 곧 알게 된다. 무지無知의 두려움에서 벗어나기 힘들다면 전문가에게 자문을 구하면 된다.

그러나 경매에 실패하는 사람들은 걱정만 하다가 허둥대기 일쑤다. 현실을 바로 보지 못하는 사이 어느새 경매는 종료되고, 기회를 그냥 보내버리고 만다.

《주역》에서 "두려움과 떨림이 무엇을 의미하는지를 마음속 깊이 익히면, 외부의 영향으로 일어나는 어떠한 공포도 안전하게 막아낸다."라고 했다. 경매에서 최고의 적 역시 두려움이다.

세입자로서 경매에 성공하려면 위기가 닥쳤을 때 평상심을 찾아 두려움에 대항해야 한다. 그리고 미래가치와 더불어 영업권 등을 감안하여 경매에 참여해야 한다.

Money보다
The Dream Ⅰ

강원도 횡성에 사는 Y씨(46세).

그는 찢어지게 가난한 집의 장남으로 태어났다. 설상가상으로 아버지마저 지병으로 일찍 돌아가신 탓에 초등학교 4학년 겨울방학이 시작될 무렵부터 신문배달을 했다. 그는 아르바이트를 하며 어렵게 대학을 졸업하고 대기업에 취직했다. 하지만 생활은 나아지지 않았다. 혼자 버는 월급으로 두 아이와 동생 셋까지 책임져야 했다. 생활에 찌들어 저축할 여유가 없었다. 은퇴 이후의 삶은 생각해볼 수도 없었다. 하지만 그는 부자가 되겠다는 꿈만큼은 저버리지 않았다. 항상 10년 후에는 10억대 부자가 되겠노라 다짐했다. 은퇴 후에는 고향에서 펜션 사업을 하고 싶어 했다.

그는 꿈이 이루어질 것이라고 확신하며 경매에 몰입했다. 가진 돈도 부족하고, 경매도 잘 몰랐지만 반드시 성공할 수 있다는 자신감으로 미래를 위해 만반의 준비를 해나갔다.

경매를 어느 정도 공부하고나자 그에게도 기회가 찾아왔다. 2002년 온 나라가 월드컵으로 열광할 때, 밭교산 아래에 위치한 땅(밭, 293,700㎡, 3억 6,000만 원)이 경매물건으로 나왔다. 당시 수중에 있는 돈이라고는 6,000만 원이 전부였기에 3억 6,000만 원이나 하는 경매물건은 그림의 떡이었다. 하지만 계속 관심을 갖고 지켜봤다. 그런데 이게 웬일인가. 1차부터 유찰되기 시작하더니 급기야 7차(7,549만 원)까지 떨어졌다. 권리분석이 복잡하거나 어렵지도 않았다. 등기부에 공시되지 않은 유치권이나 법정지상권 등도 없었다. 1순위 근저당권과 2순위 가압류 2건이 전부였다. 매수인이 인수해야 하는 권리는 눈을 씻고 찾아봐도 없었다.

Y씨는 7차까지 유찰된 경매물건을 매수한다는 게 왠지 찜찜했다. 공부상으로는 이유를 찾아볼 수 없었다. 아무래도 안 되겠다 싶어 현장으로 달려가보니 그 까닭을 알 수 있었다. 지목은 밭이었는데, 자연석으로 가득 찬 돌밭이었다. 풍광은 끝내주었지만 돌 때문에 농사도 집도 지을 수 없는 황무지나 다름없었다. 그러나 펜션사업을 하기에 기가 막힌 입지임을 확인한 순간, 그의 머릿속은 빠르게 굴러갔다. 확인해보니 돌을 반출할 수 있었다. 또 자연석을 제거하기 위해 형질을

변경해야 했는데, 지목이 임야가 아닌 밭이라 가능했다.

그 땅에 아무도 관심을 갖지 않은 덕분에 Y씨는 8차 입찰에 단독으로 참여해 7,800만 원에 낙찰받았다. 부족한 돈(3,000만 원)은 은행에서 빌려 대금을 납부했다. 소유권 이전을 마치고 깨끗하게 돌도 치웠다. 놀랍게도 그에게 행운이 연속으로 찾아왔다. 밭에서 제거한 돌들을 조경업자가 5,000만 원이나 주고 가져간 것이다. 그 돈으로 원금의 80%를 회수할 수 있었다. 애물단지 돌멩이들이 뭉칫돈이 되었다.

그는 5년 동안 길을 닦으며 번듯한 펜션 단지를 조성했다. 그리고 자신의 땅과 접한 발교산 국유림 330,578.51㎡(10만평)을 임차하여 장뇌삼 농사까지 지었다. 펜션 단지를 25억 원에 매도하라는 제의도 받았지만 뿌리쳤다. 10년이 지난 지금 투자금액 대비 42배의 자본수익을 올리고 있다. 평범했던 샐러리맨의 뜨거운 집념이 경매 부자의 꿈을 이룬 것이다.

경매 부자들은 '돈'이 아닌 '꿈'을 쫓는 사람들이다. 어떤 어려움이 있어도 돈이 없다는 핑계로 좌절하지 않는다. 그들은 미래의 행복한 부자가 되기 위해 열정을 태운다. 자신이 처한 상황에 어울리는 작은 꿈이 아니라 도저히 이룰 수 없을 것만 같은 큰 꿈을 꾸며, 그것을 실현하기 위해 거북이처럼 느리지만 한 걸음씩 발을 내딛는다. 그러나 '꿈'이 아닌 '돈' 타령만 늘어놓는 사람들은 경매 부자가 될 수 없다. 그들은 돈 때문에 좌절하고 도전하지 않으며 서둘러서 포기한다. 더욱이 꿈을 사치라고 생각한다.

1903년 자전거 수리공이던 라이트 형제가 비행기를 만든다고 했을 때 〈뉴욕타임스〉는 "앞으로 하늘을 비행하는 것을 더는 논하지 말자. 사람이 하늘을 나는 것은 100년 후에도 불가능할 것이다."라고 했다. 그러나 라이트 형제는 1,000회가 넘는 비행 실험 끝에 1905년에 40킬로미터를 38분간 날 수 있는 비행기를 만들었다. 그들은 다른 사람들의 눈에는 어처구니없어 보였던 꿈을 이루었다.

꿈이 없는 사람에게 성취와 성공은 먼 나라 이야기다. 돈이 없다고 툴툴거리지 마라. 그것은 아무런 도움이 되지 않는다. 현실적으로 힘들어도 굴하거나 항복하지 마라. 그럴수록 더 큰 꿈을 가져야 한다. 꿈은 막연한 소망이 아니다. 원대한 목표를 현실화하는 자극제이자 동기부여다.

Money보다
The Dream Ⅱ

충주의 과수원 부자 K씨(52세).

그는 부모님 얼굴도 모른 채 고아원에서 자랐지만 다른 원생들보다 돋보였고 성실했다. 공부도 잘했다. 항상 우등생을 놓치지 않은 덕분에 명문대에 진학해 공학도의 꿈을 펼쳐나갔다. 그는 원천기술 개발에 성공해 잘나가는 중소기업의 사장이 됐다. 그러던 1998년, IMF로 나라 전체가 휘청거릴 때 그의 회사도 부도를 맞았다. 시화공단에 있던 공장도, 압구정동의 아파트도 경매에 붙여졌다. 아무것도 건지지 못하고 막노동판을 전전해야 했다. 하지만 시간이 지날수록 일하는 날보다 술로 연명하는 날이 더 많아졌다. 현실은 냉혹했고 상황은 더욱 악화됐다. 아내와 딸은 충주의 처가로 내려갔고, 월세마저 내지 못해 그는 노숙자 신세가 되고 말았다. 2년간 서울역과 남대문 등지를 떠다녔다. 뼛속까지 파고드는 추위나 씻지 못한 불편함, 제때 먹지 못한 배고픔은 아무것도 아니었다. 그에게 절실한 건 딸과 아내에 대한 그리움이었다.

2001년 성탄절 오후, 그는 추위를 피해 서울역 한쪽 벽에 기대어 하루를 보내고 있었다. 누구를 원망하거나 화낼 기운도 없었다. 삶에 대한 의욕은 그야말로 바닥이었다. 그렇게 눈 감고 자다가 죽었으면 했다. 그런데 어디선가 울음소리가 들려왔다. 두 여자가 하염없이 울고 있었다. 정신을 차리고 살펴보니 허름한 옷차림의 아내와 딸이었다. 이 세상에서 가장 사랑하고 보고 싶은 두 여자가 울고 있었다. 딸과 아내에게 미안했다. 쥐구멍이라도 있으면 들어가 숨고 싶었다. 거지꼴을 한 그에게 딸과 아내가 달려와 안겼다. 세 사람은 부둥켜안고 울고 또 울었다.

그렇게 K씨는 긴 방황의 시간을 끝냈다. 다시 열심히 살아야겠다는 각오로 가족과 함께 충주로 향했다. 아내에게는 장모님으로부터 물려받은 시골집과 산자락에 붙어 있는 땅(밭, 1,000㎡)이 있었다. 밭에는 사과나무 10여 그루가 심어져 있었지만 그때까지만 해도 별 관심이 없었다. 그는 귀향 후 버섯을 재배하기 위해 10개월 정도 공부했다. 하지만 일교차가 커서 그것도 여의치 않았다. 사과농사에 기후가 알맞은 지역이라는 사실을 받아들이고 과수원을 시작하기로 했다.

그런데 과수원을 하기에 땅이 너무 작았다. 휴경지를 알아보니 2003년에 동네에 있는 산(21,487.60㎡, 법원감정가 1억 6,000만 원)이 경매에 나왔다. 길이 없다는 이유로 9차(2,147만 원)까지 유찰되어 있었다. 길이 없을 뿐만 아니라 온통 잡석으로 뒤덮여 있었다. 동네 사람들도 쓸 만한 땅이 아니라는 이유로 관심도 두지 않았다. 게다가 농림지역에 준보전산지로 지정되어 있어 미래가치가 없었다.

그는 잡석만 제거한다면 과수원을 하기에 괜찮을 것 같았다. 돌밭을 금밭으로 만들 자신이 있었다. 그는 아내와 고민한 끝에 결혼할 때 주고받은 폐물을 처분해 경매에 참가하기로 했다. 그러나 아직 넘어야 할 난관이 많았다. 사실 의욕만 넘쳤을 뿐 경매에 대해 아는 것이 없었다. 권리분석도 몰랐다. 매각기일이 임박해서 따로 공부할 시간도 없었다. 그는 인생의 마지막 기회라고 믿고 시청을 찾아갔다. 자신의 사정을 털어놓자 법원 계장이 흔쾌히 도와주겠노라며 손을 내밀었다.

K씨는 10차 입찰에서 2,200만 원에 그 땅을 낙찰받았다. 소유권이전을 마치고 형질변경 허가를 받아 과수원으로 만들어나갔다. 유찰의 원인이 된 길도 만들었다. 공로에 붙어 있는 땅 주인에게 '주위토지통행권'을 이해시켜가며 여러 차례 협상한 끝에 길을 열었다. 중고로 포클레인을 장만해 산을 뒤덮은 잡석과 잡목을 제거했다. 마침내 사과나무를 심은 지 5년 만인 2008년에 첫 수확을 했다. 당도가 월등히 높아 지금은 매년 백화점에 납품해 연간 2억 5,000만 원의 수익을 올리

고 있다. 돌투성이였던 산이 과수원 덕분에 쓸모 있는 땅으로 바뀌어 매수가격이 10배 이상 올랐다. 경매로 땅을 산 시너지 효과는 정말 대단했다. 절망밖에 없던 노숙자에서 황금 사과를 키우는 농사꾼으로 변신해 진정한 부자로 살아가고 있다.

경매 부자들은 현재의 가치에 집착하지 않는다. 당장의 시세차익을 노리고 경매에 달려들지 않는다. 꿈으로써 미래를 조망한다. 실수요자들은 땅에 인생을 걸고 꿈을 이루고자 한다. 아무리 환경이 척박하다 해도 미래의 부가가치를 위해 끊임없이 노력한다. 돌밭도 금밭으로 바꾸겠다는 의지가 있는 사람들만이 경매에서 성공할 수 있다.

경매 하수들은 쓸모없는 땅을 쓸모 있게 만들 수 있다는 생각 자체를 하지 못한다. 그들에게 돌밭은 그 이상도 그 이하도 아니다. 오로지 미래가치보다 현재가치에만 집착하기 때문이다. 꿈 대신 시세차익에 대한 욕심과 욕망으로 가득 차 있다. 아무리 돈이 많아도 진정으로 미래를 볼 줄 아는 눈이 없다면 경매 부자가 될 수 없다.

| TIP

주위토지통행권이란?

길이 없는 땅이라고 해서 오고가지 못한다면 소유자는 물론이고 사회적 · 경제적으로도 손실이다. 맹지도 주위 토지를 이용해 통행할 수 있는 최소한의 방법이 법으로 정해져 있다. 토지와 공로公路 사이에 길이 없다면 소유자는 주위 토지를 이용해 통행할 수 있다. 공로에 출입할 수 없거나 비용이 과다하게 소요될 때 역시 주위 토지로 통행할 수 있으며, 필요한 경우에는 통로를 개설할 수도 있다. 그러나 손해를 가장 적게 보는 곳과 방법을 선택해야 하며, 통행권자는 통행지 소유자의 손해를 보상해야 한다(민법 제219조 참조).

아파트가
전부는 아니다

서초동에 사는 H씨(42세).

그는 대학에서 법학을 전공했다. 졸업 후 전공을 살리지 못하고 수학학원에서 중학생을 가르친 지 7~8년 됐을 즈음 결혼했다. 그는 결혼 7년차가 될 때까지 내 집 마련은 엄두도 내지 못했다. 내일모레면 마흔인데 집 장만도 못한 자신의 현실이 답답했고, 그동안 자산관리에 무심했던 스스로가 원망스러웠다. 그런데 대학 동기 모임에서 친구들이 너나할 것 없이 재테크 이야기로 꽃을 피우는 것을 보고 귀가 솔깃했다. 특히 한 친구가 경매를 잘하면 재미가 쏠쏠하다며 한 번 도전해보라고 권했다.

H씨는 고민한 끝에 친구의 조언대로 경매에 도전하기로 했다. 대

학에서 법학을 전공한 터라 경매 관련 법률이 그리 어렵지 않았다. 처음에는 권리분석이 단순한 아파트에 관심을 가졌다. 하지만 아파트는 경쟁이 치열했다. 오히려 매각가율만 치솟으면서 번번이 실패했다. 10만 원도 채 안 되는 금액차로 안타깝게 떨어진 적도 여러 차례 있었다. 그리고 7번 도전한 끝에 아파트부터 장만해야겠다는 계획을 수정했다.

그리하여 그는 인기물건보다 비인기물건인 공장에 관심을 돌렸다. 당시 공장은 사람들이 잘 주목하지 않는 물건이었다. 우선 경기도에 위치한 공장 중에서 유찰 횟수가 잦은 물건만 골라 1년 2개월 넘게 쫓아다닌 결과, 2001년에 김포에 있는 2층짜리 플라스틱 공장(대지 842.97㎡, 법원감정가 1억 6,000만 원)을 발견했다. 4차(6,553만 원)까지 유찰되어 5차 매각기일을 기다리고 있었다. 중개업소를 통해 알아보니 매매시세가 1억 5,000만 원이 넘었다. 공장을 빌리기 위해 찾는 사람이 늘고 있다고 했다.

H씨는 직접 눈으로 확인하고 나서야 그 공장이 4차까지 유찰된 이유를 알 수 있다. 공장으로 들어가는 진입로가 굉장히 비좁았다. 공장은 차량 출입이 원활하지 못하면 제 기능을 하기 어렵다. 그런 까닭에 하나같이 입찰에 참가하지 않은 것이다.

그는 그 길로 김포시청으로 달려가 해당 공장 지역의 진입로가 확장될 가능성이 있는지 확인했다. 운이 좋게도 그곳은 곧 8미터 도로로 확장될 계획이었다. 그는 5차 입찰에서 7,800만 원에 낙찰받았다. 말 그대로 7전 8기로 성공한 것이다. 소유권 이전을 마치고 3개월 만에 임차인을 찾아 임대(보증금 3,000만 원, 월세 150만 원)를 놓았다. 2011년에는 임차인이 2번 바뀌면서 임대수익(보증금 1억 5,000만 원, 월세 1,000만 원)도 늘었다. 이후 그는 2005년에 경매로 지금 살고 있는 아파트도 장만했다.

일반적으로 권리관계가 복잡하지 않아 경쟁률이 높은 물건에는 투자자는 물론이고 실수요자까지 몰려든다. 경매 고수는 인기가 많고 높은 수익이 예상되는 아파트만 쳐다보지 않는다. 경쟁률이 높다 싶으면 되도록 피한다. 경쟁률이 치열한 물건은 경매에 참가자들이 가격을 올려놓기 때문에 오히려 수익이 떨어진다. 더군다나 경쟁률이 치솟으면 일반 매매물건과 가격에서 큰 차이가 없다. 반면 경쟁률이 낮으면 수익은 높아진다. 경쟁 상대가 없으므로 최저 입찰가격 수준에서 낙찰된다. 그러나 경매 하수는 사람들이 모여드는 물건만 찾아다닌다.

손자孫子는 "진형陣形은 비정형을 통해 완성된다. 전쟁의 승리는 똑같은 반복이 아니라 끊임없이 형식을 변화시킴으로써 주어진다."라고 했다. 경매 고수들은 경매 상식과 고정관념에서 벗어난다. 그들은 확실한 것도, 절대적인 법칙도 없다는 사실을 잘 알고 있다. 반면에 경매 하수들은 다른 물건에 전혀 눈을 돌리지 못하고 오로지 아파트만 고집한다. 이렇듯 틀에 갇혀 있으면 경매 부자가 될 수 없다.

경매는 일반 매매시장과의 시세차를 위험과 맞바꾸는 재테크 수단이라 할 수 있다. 따라서 낙찰가가 시세와 비슷하다면 굳이 위험을 무릅쓸 필요가 없다. 낙찰에 성공했느냐의 여부보다는 얼마나 싸게 낙찰했느냐가 중요하다.

| TIP

공장에 주목하라.

낮은 경쟁률로 고수익을 얻고자 하는 경매 참가자들에게 매력적인 법원 경매 상품 가운데 하나가 공장이다. 공장은 보통 감정가의 50~60%선에서 낙찰된다. 공장은 낙찰 후 인·허가를 거치지 않고도 기존 시설을 활용할 수 있다.

신혼부부의
알뜰살뜰 도전기

교사 부부인 M씨(43세).

그는 부모님이 전·월셋집을 전전하며 집 없는 서러움에 힘들어 하는 것을 보고 자랐기 때문에 결혼 전부터 내 집을 마련해야겠다고 결심했다.

그는 결혼 당시 아내를 설득해 예물 비용까지 줄여 집을 구입하는 데 모두 보탰다. 신혼살림은 다가구주택(보증금 8,000만 원)에서 단출하게 시작했다. 집을 장만할 때까지 외식 한 번 한 적 없고 자가용도 없이 대중교통만 이용했다. 지출을 최대한 줄이면서 종잣돈 모으는 데 최선을 다했다. 예금금리 1%를 더 받으려고 애쓰기보다 1만 원 덜 쓰자며 허리띠를 졸라맸다. 그러나 온갖 노력에도 불구하고 그는 한계를 느꼈다. 아무리 알뜰살뜰 살아도 빠듯한 월급만으로 언제 집을 장만하나 싶어 한숨만 나왔다.

M씨는 부동산에 관심을 갖게 되면서 경매로 집을 싸게 살 수 있다는 사실을 알았다. 그래서 경매 서적을 탐독하며 지식을 넓혀 나갔다. 수업이 없는 여름방학에는 학원을 다니며 경매 공부에 매진했다.

2000년 가을이 시작될 무렵, 그는 강동구에 위치한 삼익아파트(99.24㎡, 1차 법원감정가 2억 1,000만 원)를 발견했다. 2차(1억 3,440만 원)까지 유찰되어 3차 매각기일을 기다리고 있었다. 권리분석을 해본 결과, 대항력 있는 세입자(보증금 9,500만 원) 때문에 2차까지 유찰된 것이었다. 그러나 세입자는 문제가 되지 않았다. 세입자가 임차권 등기와 동시에 전세보증금 반환소송청구에 기한 강제경매를 진행했기 때문에 매수인이 세입자를 인수하지 않아도 되는 상황이었다.

M씨는 경매물건이 있는 지역을 직접 찾았다. 주거환경은 좋은 편이었다. 서쪽 인근에 초등학교와 녹지공원이 있어서 쾌적했다. 매매시세는 2억 1,000~2억 2,000만 원에 형성되어 있었고, 전세가도 1억 2,000만 원을 넘어서고 있었다. 그는 3차 입찰에서 1억 6,000만 원에 낙찰 받았다.

다만 경매대출을 받는 데 암초가 숨어 있었다. 임차권이 설정되어 있으면 배당절차가 끝나기 전에 대출을 받지 못할 수도 있다는 이야기를 들은 것이다. 그가 매수한 아파트는 대항력 있는 세입자가 임차권

등기로 강제경매를 진행하면서 그곳에 거주하지 않고 다른 곳으로 이사를 한 상태였다. 세입자 명도에 문제가 없었고, 임차권도 소멸되는 권리였다. 그러나 임차권등기를 한 세입자가 전세금을 전액 배당받지 못하면, 매수인이 그 금액을 부담해야 했다.

다행히 그는 1억 6,000만 원에 낙찰받아 1순위 세입자(임차권)가 9,500만 원을 전액 배당받을 수 있었다. 덕분에 경매대출(1억 2,000만 원)을 받아 무사히 대금을 납부하고 소유권을 이전했다. 경매로 장만한 M씨의 아파트의 가격은 6억 6,000만 원(2011년 시세)을 호가하고 있다.

가난에서 탈출하고자 하는 이들에게 경매는 부자가 되기 위한 디딤돌이 되고 있다. 그런데도 많은 사람들이 종잣돈이 부족하다는 핑계를 앞세우며 시도를 하지 않는다. 돈이 없으니 부동산에 관심조차 둘 수 없다며 한탄한다.

그러나 경매 고수들이 모두 처음부터 풍부한 자금을 가지고 경매를 시작하는 것은 아니다. 부족한 종잣돈을 충당하기 위해 경매대출을 적절하게 활용한다. 대항력 있는 세입자가 임차권등기를 했어도 낙찰대금 범위 내에서 배당을 받으면, 경매대출을 받는 데 문제가 없다.

돈이 없다는 이유로 아무것도 하지 않으면 아무것도 얻을 수 없다. 흔한 말이지만 뜻이 있는 곳에 길이 있다고 했다. 뜻이 있으나 돈이 없는 사람에게 경매대출이 그 길을 열어준다. 물론 경매대출도 빚

은 빚이니 조심하고 신중해야 한다. 초심을 잃지 않고 탄탄한 계획을
세워 경매대출을 지혜롭게 활용하면 경매 부자의 꿈을 한 걸음 더 당길
수 있다.

임차권의 소멸 시점?

임차권은 경매로 당연히 소멸되는 권리다. 그러나 세입자가 임대차가 종료
된 후에도 보증금을 돌려받지 못하는 경우가 있는데, 이때 세입자는 소유자
의 동의 없이 임차주택의 소재지 관할법원에서 임차권 등기를 할 수 있다. 그
러면 대항력 있는 세입자의 지위를 얻음과 동시에 우선변제권을 유지할 수 있
다(주택임대차보호법 제3조 참조). 또한 세입자는 주택을 점유하거나 주민등록을
하지 않아도 된다. 다른 곳으로 주민등록을 전출해도 종전의 대항력과 우선
변제권이 그대로 유지된다. 따라서 대항력 있는 임차권의 소멸 시점은 세입
자가 전세보증금 전액을 배당 받은 후다.

여자는 배짱,
남자는 절개

목동에 사는 L씨(57세).

그녀는 2001년에 노후 준비를 전혀 해두지 않은 상태에서 남편이 갑자기 명예퇴직을 당하자 무척 혼란스러웠다. 두 딸을 키운다는 핑계로 자산관리에 소홀했던 스스로를 원망했다. 그렇다고 남편이 다시 직장을 구해 돈을 벌어오기를 기다릴 수만은 없어서 음식점을 시작했다. 장사라는 것이 묘하게도 앞으로 남고 뒤로는 밑진다고, 음식점을 하는 2년 동안 돈을 번 게 아니라 2억 5,000만 원 손해를 보았다. 남편이 명예퇴직했을 때보다도 더 참담했다. 세상을 만만히 보고 섣불리 장사를 시작한 대가는 매우 혹독했다.

남은 자산이라고는 목동아파트(매매 시가 2억 2,000만 원) 1채와 금융자산 1억 2,000만 원이 전부였다. 수입이 없었기에 그녀는 앞날이 걱정됐다. 그동안 애써 살아온 것도 모자라 노후에 힘들게 살아야 한다는 생각에 가슴이 무척 아팠다. 당시 쉰에 가까운 나이였지만 혹시나 겪게 될 노년무전老年無錢의 쓰라린 고통에서 벗어나기 위해 무엇이든 해야겠다고 생각했다.

L씨는 즉각 행동에 나섰다. 더는 시간과 돈을 낭비하지 않기 위해 월세를 거둘 수 있는 부동산에 관심을 두고 중개업소를 찾아다녔다. 적은 돈이나마 오피스텔에 투자해 월세를 받을 수 있으면 다행이라고 생각했다. 그러나 기대에 맞는 물건을 찾을 수가 없었다. 중개업자는 경매 투자를 권했다. 단, 경매로 시세보다 싸게 살 수 있지만 권리분석 때문에 자칫 손해를 볼 수도 있다고 했다. 그녀의 귀에는 위험하다는 소리는 하나도 들리지 않았다. 그저 싸게 살 수 있다는 말에 마음이 들떴다.

그녀는 곧바로 대학의 사회교육원에 등록해 그 어느 때보다 열심히 공부했다. 경매에 내공이 쌓이기 전까지는 절대 서두르지 않기로 했다. 공부를 처음 시작했을 때에는 도대체 무슨 말인지 하나도 알아듣지 못했지만, 1년쯤 지나자 웬만한 경매물건은 혼자서도 권리분석을 할 수 있을 정도가 됐다. 남편은 위험하다는 이유로 계속 반대했지만 그녀는 더욱 대담하게 배짱으로 도전했다.

2004년에 드디어 적당한 경매물건이 나왔다. 안산 중심가에 있는 구분상가(건물 84.37㎡, 법원감정가 1억 3,800만 원)로 유치권(8,000만 원)을 주장하는 임차인 때문에 4차(5,652만 원)까지 떨어져 있었다. 현장을 누비고 다녀보니 상권이 좋았다. 유치권은 권리를 주장할 수 없는 시설 투자비였다. 게다가 중개업소에서는 장사가 잘되는 곳이라며 1억 5,000만 원에 매도하면 1억 정도는 손에 넣을 수 있다고 했다.

그녀는 당차게 밀어붙여 5차 입찰에서 6,500만 원에 낙찰받았다. 유치권은 대화를 통해 이사비용 200만 원을 보상하는 조건으로 깔끔하게 마무리했다. 그리고 1년 뒤 상가를 처분해 8,000만 원의 투자수익을 올렸다. 경매의 첫 경험에서 쏠쏠하게 수익을 챙긴 L씨는 그 여세를 몰아 12건의 경매에 성공하면서 10억 원이 넘는 돈을 벌었다.

경매는 운으로만 되는 게 아니다. 와신상담(臥薪嘗膽) 끝에 기회를 얻어 계속해서 노력한 끝에 부자가 되는 것이다. 경매 고수들은 두둑한 배짱을 앞세워 희망의 끈을 놓지 않는다. 절대로 실패를 운명으로 받아들이지 않는다. 성별이나 나이에도 구애를 받지 않는다. 경매 하수처럼 한 방만을 노리지도 않는다. 별 노력도 하지 않았는데 그냥 오는 눈먼 행운이란 없다. 열심히 공부를 하고 여기저기 발품을 파는 등 소소한 노력이 쌓일 때 행운의 기회를 잡을 수 있다.

《이솝우화》에 소년과 쐐기풀 이야기가 있다. 들판에서 놀던 아이가 쐐기풀에 찔렸다. 아이는 집으로 달려가 엄마한테 쐐기풀을 살짝 만지기만 했는데 찔렸다고 말했다. 그러자 엄마는 "풀을 그냥 건드렸기 때문에 찔린 거야. 다음번에 쐐기풀을 만나면 꽉 움켜잡고 눌러버려라. 그러면 다치지 않을 거야."라고 했다.

이처럼 어떠한 행동을 하든 대담하게 해야 다치지 않는다. 경매 고수들은 무모한 도전이란 없다고 믿는다. 그러나 경매 하수들은 경매를 무모한 도전이라 생각하며 의심부터 한다. 경매 시장에서 우유부단함은 금물이다. 소심하게 눈치만 보다가는 좋은 물건들을 남들에게 뺏기기 십상이다. 경매 부자가 되고 싶다면 배짱 두둑히, 호기롭게 행동하라.

경매에도
역발상이 필요하다

강원도 태백에서 한우식당을 경영하는 A씨(45세).

그녀는 법을 잘 아는 것도, 종잣돈이 넉넉했던 것도 아니었다. 대학에서도 법과는 거리가 먼 사범대를 졸업했고, 사회생활 경험도 전혀 없었다. 오로지 남편이 가져오는 월급만으로 두 자녀를 키우는 평범한 전업주부였다.

그녀의 가장 큰 꿈은 내 집 마련이었다. 당시 부족한 종잣돈을 해결할 방법은 싸게 사는 것, 즉 경매뿐이었다. 그녀는 1년간 문화센터에서 경매에 대해 배우며 적당한 물건을 물색했다.

3번을 실패한 끝에 2002년, 그녀는 서울 잠실 우성아파트(82.06㎡, 법원감정가 1억 5,000만 원)가 4차(6,144만 원)까지 유찰된 것을 발견했다. 확정일자는 없었지만 분명 대항력 있는 세입자(전세보증금 8,000만 원)가 있었다. 기준권리인 1순위 근저당권(1억 2,000만 원)보다 앞서 전입신고가 된 상태였다. 그런데 상식적으로 이해되지 않는 점이 있었다. 금융기관에서 돈을 빌려줄 때, 선순위 세입자가 있으면 세입자의 전세보증금을 차감하고 빌려거나, 세입자로부터 '무상임차사실확인서'를 받은 후 대출을 해준다. 그러므로 이 경우에는 앞뒤가 맞지 않았다.

그녀는 가짜 세입자라는 확신이 들었다. 진상을 확인하기 위해 여기저기 알아보고 다녔다. 아파트 경비 아저씨 말로는 세입자가 소유자의 친척이라고 했다. 그리고 대출 당시 금융기관의 담당직원이 서류가 아닌 구두로만 무상임차사실을 확인했음을 알아냈다.

A씨는 가진 것이 없을수록 경매의 원칙을 뒤집어보며 창의력을 발휘할 수 있다고 믿었다. 또한 매수인에게 가짜 세입자는 위협적이지만, 한편으로는 수익성을 높일 수 있다고 판단했다.

며칠을 고심한 뒤, 그녀는 증빙할 수 있는 물증은 없지만 가짜 세입자임을 밝혀내리라 다짐했다. 명도소송도 염두에 두었다. 당시 아파트 시세가 1억 7,000만 원 선이었는데, 점차 가격이 오르는 추세였다. 만약 세입자가 가짜임을 입증하지 못해 소송에서 진다고 해도 손해 볼 것이 없었다. 세입자의 전세보증금을 부담해도 경제성이 충분하다고 생각했다.

그리하여 A씨는 5차 입찰에서 6,500만 원에 낙찰을 받았다. 세입자가 항고에 재항고까지 하는 바람에 2년 6개월간 법정 싸움이 이어졌다. 결국 법원의 조정으로 세입자에게 5,000만 원을 물어주어야 했다. 하지만 그새 아파트 시세가 4억 5,000만 원 선으로 껑충 뛰어 금전적으로 손해 본 것은 없었다. 이후 자신감이 붙은 그녀는 무려 12건의 경매에 성공하면서 10억 원이 넘는 수익을 올렸다. 평범한 가정주부에서 경매 부자로 거듭난 것이다.

"풍요로움은 나를 가난하게 만든다."라고 한 고대 로마제국의 시인 오비디우스Ovidius의 말처럼, A씨는 좀처럼 자신을 경매 부자라고 말하지 않는다. 언제 어느 때 거만하게 변할지 모르는 스스로를 경계하는 것이다.

경매 부자들은 경매의 원칙을 이 잡듯이 뒤져보고 역으로 살펴보며 수익성을 찾아낸다. 철저히 점검했음에도 경제성을 확인하지 못하면 경매에 뛰어들지 않는다.

경매 시장 곳곳에는 위험이 도사리고 있다. 숨어 있는 위험을 창의력으로 극복해야 경매 부자가 될 수 있다. 프랑스의 화가 피카소는 "'가난한 사람들이 더 창의적이다.'라고 말했다. 가진 것이 적은 만큼 부족함을 채우기 위해 창의성을 발휘한다는 뜻이다. 경매에서도 적게 가진 사람들은 자신의 단점을 보완해가며 더 큰 수익성을 만들어낸다. 경매의 원칙이나 일반적인 상식에 목을 매는 게 아니라, 그 원칙 속에서 조그만 빈틈이라도 찾아내 그것이 자신에게 이롭도록 애쓴다. 경매 상식이나 고정관념에 너무 얽매이지 말고, 자유롭게 생각하고 뒤집어 보는 역발상으로 투자원칙의 폭을 넓혀라.

무상임차사실확인서란?

채권자(근저당권자)는 담보로 제공된 건물에 대해 담보가치를 조사한다. 이 때 대항력을 갖춘 세입자가 임대차 사실을 부인하고 임차보증금에 대한 권리를 주장하지 않겠다는 내용의 '무상임차사실확인서'를 작성했다면 해당 건물에 대한 경매절차에서 번복할 수 없다. 즉, 세입자의 대항력이 인정되지 않으며 아울러 근저당권자보다 우선적 지위를 가지는 확정일자부 세입자임을 주장하지 못한다. 따라서 임차보증금반환채권에 대한 배당요구는 특별한 사정이 없는 한 금반언(특정 표시를 한 이상 나중에 그것을 부정하는 주장을 해서는 안 됨) 및 신의성실의원칙에 위반되므로 허용되지 않는다(대법원1997. 6. 27.선고97다 12211판결 참조).

예를 들어 채무자가 동생이 소유한 아파트에 근저당권을 설정하고 대출을 받으면서 채권자에게 자신은 세입자가 아니고 해당 아파트에 대한 일체의 권리를 주장하지 않겠다는 내용의 확인서를 작성했다면, 이후 대항력을 갖춘 세입자임을 내세워 매수인과 인도명령을 다투는 것은 신의성실원칙에 위배되어 허용되지 않는다(대법원 2000. 1. 5. 자 99마 4307 결정 참조).

13전 14기의 도전

중학교 교사인 H씨(45세).

그는 빠듯한 월급에 재테크를 생각할 여유조차 없었다. 월급에서 겨우 몇 십만 원 떼어 적금에 넣는 것이 고작이었다. 나이는 늘어가지만 살림살이는 전혀 나아지지 않았다. 친구들이 집 장만을 했다는 소식을 들으면 아내에게 미안한 마음이 들었다. 은퇴 후도 생각해봐야 했다. 하지만 턱없이 부족한 종잣돈이 항상 발목을 붙잡았다. 그는 재테크 계획조차 세워보지 못하고 번번이 좌절했다.

당시 대학원에 다녔던 H씨는 전공보다 부동산에 마음이 더 끌렸다. 혹시나 싶어 부동산 과목을 집중적으로 수강했다. 난생 처음 들어보는 용어들이 많았지만 무척 흥미로웠다. '부동산경매투자론'을 수강하면서 재테크에 대한 자신감을 얻었다.

그는 1,000만 원 이하의 물건에만 투자하기로 마음먹고 도전했다. 10번 넘게 입찰에 참여했지만 모두 떨어졌다. 실패의 연속이었다. 그러나 그는 결코 실망하지 않았다. 실패마저도 배우는 과정이라 생각했다.

H씨는 2010년, 14번째 도전에 나섰다. 경기도 화성에 소재한 땅(논 119㎡, 법원감정가 1,700만 원)이었는데, 공유지분인 탓인지 5차(576만 원)까지 유찰되어 있었다. 그는 3차례나 현장을 방문했다. 주변의 논과 밭 사이로 아파트가 들어서기 시작했다. 용도지역은 계획관리지역으로, 중개업자의 말로는 아파트가 들어설 가능성이 높다고 했다. 그러나 친구들은 그까짓 작은 논을 무엇에 쓰겠냐며 괜한 짓 하지 말라고 한마디씩 했다.

대부분의 사람들은 우선매수권이 있는 경매물건에 관심을 갖지 않는다. 그러나 H씨는 도전하여 6차 입찰에서 580만 원에 낙찰받았다. 다행히 매각이 종결될 때까지 공유지분소유자(공유자)가 우선매수권을 신고하지 않았다. 행운은 계속 그를 따라다녔다. 소유권 이전을 마친 지 5개월도 채 지나지 않아 그 땅을 1㎡당 120만 원에 수용하겠다는 통지서를 받은 것이다. 580만 원을 투자해 1억 4,280만 원, 무려 24배의 투자수익을 올린 셈이다.

경매에서 '우선매수권'은 매수인이 아닌 공유자를 위한 배려다. 공유지분 소유자가 우선매수권을 행사할 수 있는 시한은 매각기일까지다. 우선매수권의 행사는 일반 매수신청인과 마찬가지로 경매법원이 정하는 보증을 제공해야 한다(민사집행법 제113조 참조). 여기서 매각기일이란 집행관이 매각을 종결하기 전까지다. 예를 들어 집행관이 최고가 매수인의 성명과 가격을 호창呼唱하고 매각 종결을 선언하기 전에 공유자가 그 가격으로 매수하겠다고 신고하고 즉시 보증을 제공하면 우선매수권을 적법하게 행사할 수 있다. 집행관이 매각기일의 종결을 선언한 후에는 우선매수권을 행사할 수 없다.

많은 매수인들이 우선매수권이 있는 경매물건을 꺼리는 이유는 우선매수권을 행사할 경우 경매법원이 공유자에게 매각을 허가하기 때문이다. 이때 최고가매수신고인은 차순위매수신고인으로 밀려나 사실상 낙찰을 받지 못한다. 이런 까닭에 우선매수권이 있는 경매물건은 힘없이 유찰되는 경우가 많다.

그러나 모든 공유자가 우선매수권을 행사하는 것은 아니다. 돈이나 미래가치 등을 고려하여 우선매수권 행사 여부를 결정한다. H씨의 경우처럼 공유자가 우선매수권을 신고하지 않아 좋은 물건을 낙찰 받을 수도 있다. 아무리 가능성이 적다고 해도 지레 포기하면 기회조차 아예 없다.

나폴레옹은 "패배한 채로 사는 것은 매일 죽는 것이다."라고 했다. 경매 고수들은 절대로 실패 앞에 무릎을 꿇지 않는다. 실패를 통해 담금질을 하며 성공의 꿈을 키워나간다. 그들은 호랑이를 잡기 위해 호랑이 굴에 들어간다. 우선매수권을 앞에 두고 무조건 피해가지 않고 끈질기게 부딪치며 성공을 이끌어낸다. 성공과 실패는 정해져 있다고 생각하고, 조금이라도 위험이 도사리는 곳에 절대로 발을 담그지 않는 경매 하수들과 시작부터 다르다. 성공과 부는 실패에 대한 실망을 뒤로하고 끈기 있게 도전하는 사람만이 쟁취할 수 있다.

해적처럼
도전하라

상계동에 사는 A씨(33세).

그녀는 집안 형편이 어려워 학자금대출로 간신히 대학을 다닌 만큼 열심히 공부해 대기업 디자이너로 입사했다. 월급을 받아 부모님께 보내고 학자금 대출금을 상환하니 자신의 생활비도 빠듯했다. 남들은 대기업에 다닌다고 부러워했지만, 6~7년 직장생활을 하는 동안 종잣돈은커녕 흔한 적금 하나도 없었다. 그녀는 결혼한 친구들에게 '집을 샀네', '살림이 나아졌네'라는 소리를 들으면 솔직히 배가 아팠다. 점점 친구들과 거리를 두게 됐고, 자꾸만 외로워졌다.

돈의 압박에서 벗어나지 못하고 있던 2005년에 그녀는 퇴직금 중간정산으로 목돈을 만지게 됐다. 3,000만 원은 그녀가 지금까지 만져보지 못한 큰돈이었다. 그녀는 이 돈을 어떻게 굴릴까, 재테크를 어떻게 할까 궁리하다가 이모가 사는 강원도 평창에 있는 땅(밭 3,400㎡, 매입가 1,500만 원)에 투자했다. 사실 이모의 적극적인 권유 때문이었지, 땅에 대해 알고 투자한 것은 아니었다. 그런데 2009년 1억 3,000만 원에 매수하겠다는 투자가가 있어 8배의 수익을 남기고 처분했다.

그때부터 부동산에 눈을 뜨게 된 A씨는 부동산 관련 서적을 두루 섭렵했다. 그러다 경매에도 눈을 돌렸다. 그녀는 경매물건이라고 아무것이나 기웃거리지 않았다. 지난 경험을 살려 소액으로 살 수 있는 토지에 투자하기로 했다. 틈틈이 분묘가 있는 땅도, 길이 없는 땅도 살펴보면서 미래가치가 있는 땅을 고르는 법을 배웠다.

기회는 준비한 자에게 찾아온다고, 2010년에 경기도 평택에 있는 땅(밭 110㎡, 법원감정가 2,600만 원)이 5차(859만 원)까지 유찰된 것을 알게 됐다. 밭이었지만 분묘 1기가 있었다. 현장에 가보니 아파트 단지가 들어서면서 도시화가 진행되고, 땅값이 금값으로 변하고 있었다. 분묘가 문제였지만 땅을 포기할 이유는 되지 못했다. 다행히 3주간 주말마다 현장을 찾은 덕분에 분묘 관리인을 만나 이장 약속을 받았다.

그녀는 6차 입찰에서 920만 원에 낙찰받았다. 300만 원의 비용을 지불하고 분묘를 이장시켰다. A씨는 1년이 지난 후 이웃한 땅 소유자에게 1억 3,200만 원(1㎡ 당, 120만 원)에 매도했다.

땅에는 지목(논, 밭, 임야 등)에 상관없이 분묘가 설치된 경우가 많다. 하지만 묘지가 있다고 해서 무조건 경매를 피할 일은 아니다. 보건복지부 노인지원과 관계자는 "전국의 분묘 중 20~25%가 무연고로, 이런 현상은 앞으로 더 심화될 것"으로 전망했다(중앙 SUNDAY 2011.11.5). 전국에는 약 2,000만 기의 묘지가 있는데 이중에 400~500기가 무연고 묘지다. 무연고 묘지는 관할 관청에 허가를 받아 일정 기간(3개월) 공고한 후 개장할 수 있다(장사 등에 관한 법률 제23조 및 장사 등에 관한 법률 시행규칙 14조 참조). 따라서 투자가치가 있는 땅이라면 분묘 때문에 무조건 경매를 포기할 필요는 없다. 무연고 묘지인 경우, 법 절차에 따라 개장을 고려하면 된다. 또한 분묘기지권이 성립하는 묘지는 합의 또는 소송으로 개장할 수 있다.

경매 부자들은 마치 해적 같다. 거친 파도를 거스르며 넓디넓은 바다를 종횡무진으로 활동하는 해적처럼 그들은 권리관계가 복잡하게 얽힌 물건만 골라 자신의 역량과 수완을 발휘한다. 미래가치가 있다면 분묘기지권이 성립하는 경우에도 해결가능한 방법이 있는지 열심히 찾는다. 그렇다고 무리한 도전은 하지 않는다. 자신이 감당할 수 있는 물건에만 도전한다. 미래의 경매 부자가 되기 위해서 철저하게 준비하고, 닥친 문제에 적극적으로 임하는 자세가 필요하다.

나서라
그리고 즐겨라

대기업에 다니는 B씨(27세).

휜칠한 외모에 좋은 학벌로 누가 봐도 일명 엄친아로 불릴 법한
그는 사실 중학생 때 아버지의 사업 실패로 집이 경매로 넘어가는 설움
을 겪었다. 아버지는 집을 나가 행방불명이 됐고, 충격을 견디지 못한
어머니는 끝내 하늘나라로 가셨다. 집안이 하루아침에 풍비박산이 난
것이다. 그는 세상이 원망스러웠고 모든 것이 절망적이었다. 때로는
극단적인 생각까지 했다. 그래도 주변 사람들의 도움으로 아픔을 극복
하고 학업도 무사히 마칠 수 있었다.

B씨는 2009년 꿈에 부풀어 보무도 당당하게 사회생활을 시작했
다. 하지만 부자가 되기엔 갈 길이 멀다는 사실을 깨닫기까지 그리 오

래 걸리지 않았다. 그는 무작정 돈을 모을 게 아니라, 어린 시절 자신과 가족을 힘들게 했던 경매가 오히려 인생 역전에 큰 도움이 될 것이라고 생각했다. 그래서 가진 돈이 적어도 부족한 것은 발로 뛰면 된다는 긍정적인 마음으로 경매에 뛰어들었다.

그는 꿈을 이루는 데 생각이나 말보다 눈에 보이는 행동이 우선이라 여겼다. 8개월간 습관처럼 책을 펴놓고 공부하고 발로 뛰어다니며 경매의 기초를 쌓았다. 그리고 2010년에 성남에 있는 소형 오피스텔(건물 39.9㎡, 법원감정가 1억 200만 원)에 도전하기로 했다. 유치권이 붙어 있어서 3차(6,528만 원)까지 유찰된 물건이었다. 그는 현장에 나가 주변지역의 임대수요와 매매시세 등을 상세하게 확인했다. 분당선 역세권에 위치한 덕분에 임대수요가 풍부했다. 매매시세도 1억 1,000만 원이 넘었다. 단 한 가지 문제는 공사대금에 대한 수천만 원의 권리를 주장하는 유치권이었다.

유치권의 성립 여부는 법이 엄격하게 정하고 있지만 대법원에서 시시비비를 결정하는 경우가 늘고 있다. 예를 들어 유치권을 주장하기 위해서는 반드시 경매개시결정 이전에 오피스텔을 점유해야 한다. 하지만 매수인 입장에서 법원의 경매기록열람만으로는 점유 시점을 정확하게 파악할 수 없다. 서류상으로는 언제부터 점유했는지 파악하기 어렵다. 그러므로 많은 사람들은 유치권이 성립하는 물건으로 간주해 입찰에 참가하지 않는다. 그러나 B씨는 오피스텔 경비실을 찾아가 점유자가 누구이며 언제부터 점유했는지 직접 발로 뛰며 확인했다. 그 결과, 그 오피스텔에는 유치권자가 아닌 제3자인 세입자가 입주해 있었다. 유치권을 주장하고 나선 시점도 경매개시결정등기 이후였다. 그는 유치권이 인정될 수 없다(경매기입등기로 인한 압류 효력발생 이후 채무자로부터 부동산의 점유를 이전 받아 유치권을 취득한 경우에는 인정되지 않는다. 대법, 2005다 22688 참고)고 확신했다.

그는 4차 입찰에서 6,800만 원에 낙찰받았다. 세입자는 이사비용(150만 원)을 보상하는 조건으로 해결했다. 매수 후 15개월을 보유하다 1억 2,000만 원에 처분해 비용과 세금을 공제하고도 4,000만 원의 수익을 올렸다. 이후에 그는 서울 강남을 비롯해 분당, 인천 지역에서 4건의 소액 경매물건을 낙찰받는 데 성공해 2억 3,000만 원의 순수익을 올리고 있다.

스페인의 소설가인 발타사르 그라시안Baltazar Gracian은 "진실은 대체로 눈에 보인다. 귀로 듣는 것이 아니다. 그러므로 언제나 무모한 것이 아닐까 하는 의심을 버리고 행동에 착수하라."고 말했다.

경매에 성공하는 사람들은 생각이나 말보다 행동을 앞세운다. 현장확인을 게을리 하지 않으며, 문제를 해결하는 데 어려움을 느끼면 포기하기보다 도움을 구한다. 법을 피해갈 수 없는 권리가 붙어 있어도 적극적으로 해결 방안을 모색한다. 아무리 법을 많이 알아도 결코 이론을 가지고 논쟁하거나 판단하지 않는다.

그러나 경매에 실패하는 사람들은 머릿속에 생각만 채울 뿐이다. 수익성이 있다 없다 말을 앞세우기 일쑤다. 현장을 발로 뛰거나 전문가에게 자문을 구하기보다는 책상머리에서 투자를 결정한다. 법과 이론을 앞세워 논쟁하기를 좋아하고 귀로 들은 것만으로 투자를 결정했다가는 운 좋게 성공했다 해도 얼마 지나지 않아 손해를 보게 된다. 성공은 행동을 통해 얻는 값진 결과물임을 명심하자.

계획은 치밀하게,
실행은 철저하게

동대문시장에서 의류 도매업을 하는 M씨(57세).

그는 경남 남해의 한 가난한 집에서 태어나 어릴 적부터 제대로 먹지도 못하고 공부도 하지 못했다. 간신히 중학교를 마친 그는 외삼촌이 일하던 서울의 동대문시장에서 상인들의 잔심부름을 해가며 돈을 모으기 시작했다. 그는 가난이 얼마나 많은 행복을 빼앗는지 일찌감치 절감했기에 짠돌이로 불려도 좋았다. 작은 옷 가게 하나만 할 수 있다면 아무래도 상관없었다. 그는 꼬박 12년간 돈을 모아 작은 점포(25㎡)를 얻었다.

바라던 대로 옷 장사를 시작한 M씨는 IMF 때 동료 상인이었던 K씨가 당시 아무도 거들떠보지 않던 경매로 돈을 번다는 이야기를 들었다. 경매가 뭔지도 몰랐던 그에게 신선한 충격이었다. 제값을 주지 않으면 의심부터 하던 그에게 새로운 세계였다. 그는 K씨로부터 자문을 받아 경매에 조금씩 눈을 떴다. 많이 배우지 못한 한을 풀기라도 하듯 열심히 경매 공부를 했다.

2003년에 방배동에 위치한 3층짜리 상가주택(대지 340㎡, 법원감정가 6억 2,000만 원)이 3차(3억 1,744만 원)까지 유찰되어 있었다. 임차인들은 대항력이 없었고, 매수인이 부담하는 권리가 전혀 없는데도 사람들은 관심을 두지 않았다. 다들 투자가치가 없다고 판단했는지 기피하고 있었다. 그도 여러 차례에 걸친 현장방문 끝에 그 이유를 알 수 있었다. 너무나 허름한 상가였기에 투자가치가 없어 보였다. 그래도 생선은 썩어도 준치라고 부동산 소재지가 땅값 비싸기로 유명한 강남이었다. 중개업소를 통해 확인해본 결과, 주변의 깨끗하고 괜찮은 집들은 인기가 많아 이미 전·월세로 다 나갔다고 했다. 임대수요는 충분했다.

M씨는 이 경매물건을 손에 넣기 위해 입찰금액을 비롯해 경매대출, 대금납부, 세입자 명도 그리고 새로운 세입자 입주 문제까지 꼼꼼하게 계획을 세웠다. 그리고 4차 입찰에서 3억 3,500만 원에 낙찰받았다. 건물을 수리하고 세입자를 새로 들이는 데 6개월 정도가 걸렸다. 이후 매월 800만 원씩 임대수익을 챙기다가 2010년에 18억 4,000만 원에 처분했다. 15억 원이 넘는 수익을 올린 것이다. 요즘 그는 경매 홍

보대사로서 많은 사람들에게 자신의 성공담을 들려주고 있다. 그리고 또다시 경매에 나서기 위해 좋은 물건을 고르고 있는 중이다.

경매 고수들에게 성공 비결을 물으면 첫째도 둘째도 계획이다. 경매물건은 백화점에서 쇼핑을 하듯 마음만 먹으면 살 수 있는 게 아니기 때문이다. 더군다나 눈에 보이지는 않지만 매수인에게 위협이 되는 권리가 도처에 도사리고 있다. 매수 기간도 하루이틀이 아니라 몇 년이 소요되기도 한다.

그러므로 경매 시작부터 마지막 절차를 밟을 때까지 철저하게 계획을 세워야 한다. 목표를 명확하게 잡고, 장기투자를 한다는 생각으로 임해야 한다. 자칫 잘못하면 돈뿐만 아니라 시간과 노력 등 많은 것을 한꺼번에 잃을 수 있다. 그러나 경매 하수들은 얄팍한 자신의 '감'만 믿고 부나비처럼 물건에 달려든다. 싸게 사야 한다는 것에만 정신이 팔려 계획 따위는 개의치 않는다.

그리스 역사의 아버지로 불리는 헤로도토스Herodotos는 "어떤 일을 계획하든 반드시 마지막 결과를 생각하라. 신은 우리에게 행복의 맛을 잠깐 보여주고 철저하게 파멸시키는 경우가 너무나도 많다."라고 했다. 경매에서도 잠시 달콤함에 빠졌다가 쓰디쓴 고배의 잔을 기울여야 하는 일이 많다. 경매를 처음 시작할 때는 얼마 안 되는 돈으로도 좋은 물건을 잡아 큰돈을 벌 수 있을 것 같은 느낌이 든다. 그러나 대체로 이성이 아닌 감성으로, 계획을 세우기보다 막연하게 자신에게 유리하겠다 싶은 쪽으로 판단하다 보니 실패하는 이들이 넘쳐난다.

경매 시장에서는 언제 어느 때 위험천만한 상황이 벌어질지 모른다. 그때마다 순발력이나 임기응변으로 해결하기는 어렵다. 뒷돈을 쌓아두고 경매를 하지 않는 한, 적은 자본으로 도처에 넘쳐나는 위기를 감으로만 해결할 수 없는 노릇이다. 그러므로 '한 방'의 환상에 사로잡혀 이성을 팽개치는 일은 금물이다.

노자는 《도덕경》에서 "난관에 대비해 사태가 쉬워 보일 때 계획을 세워라. 문제가 사소할 때 큰 문제에 대비하라. 힘든 사건은 항상 쉽게 시작되고 큰 사건은 작은 사건에서 비롯되기 마련이다."라며 계획의 중요성을 말했다. 경매 투자에서도 제대로 된 계획을 필요하다.

예를 들어, 입찰보증금 10%만 갖고 경매에 뛰어드는 사람들이 있다. 그들은 낙찰부터 받아놓고 보자는 심산이다. 아무리 좋은 경매물건이라고 해도 나머지 90%에 대한 자금계획을 세우지 않아 낙찰받고도 대금을 납부하지 못하면 손해만 볼 뿐이다.

경매 하수들처럼 마음만 앞세우지도, 어설픈 계획으로 무리수를 두는 모험을 감행해서는 안 된다. 투자수익을 거두기 위해 뛰어든 경매에서 방만한 생각으로 손해를 본다면 어불성설이나 다름없다. 무언

가를 쟁취하려면 그에 대한 노력은 필수다. 경매의 시작부터 끝까지 자신에게 맞춘 철저한 계획 속에서 진행되도록 시간과 온 힘을 기울여야 한다.

05

고준석 박사와
함께하는
경매 Q&A

입찰가격은
어떻게 결정하나요?

Q 아내와 맞벌이를 하고 있습니다. 내 집 마련에 관심이 많은데 종잣돈이 부족합니다. 열심히 경매 공부를 하며 아파트를 찾고 있는데, 얼마 전에 괜찮은 물건이 나와 입찰에 참가하려고 합니다. 경매를 처음 시작하는 초보라 입찰가격을 어떻게 써내야 할지 고민입니다. 입찰가격 산정방법에 대해 자세히 가르쳐주세요.

– 30대 회사원 M씨

A 부동산은 지역성과 개별성이 강해 종류가 같다고 해도 특성에 따라 가격 차이가 있습니다. 예를 들어 부동산 시장이 휴화산과 다름없는 시기에도 지역적으로 개발계획이 있다면, 그 특수효과로 해당 지

역의 부동산 시장은 활화산이 될 수 있습니다. 이러한 부동산의 특성은 경매에도 어김없이 반영되고 있습니다. 종류가 같은 경매물건이라해도 특성에 따라 매각가율이 다르게 나타나지요.

따라서 입찰가격은 미래가치가 반영된 목표수익률에서 각종 비용(취득세·등록세 4.6%, 수리비, 명도비용, 금융비용)을 고려해서 결정해야 합니다. 목표수익률이 크면 입찰가격이 낮아지고, 목표수익률이 작으면 입찰가격이 높아집니다. 이때 기준이 되는 가격은 시장에서 거래되는 매매시세이며 목표수익률은 매수금액을 기준으로 따져야 합니다.

| 예 시 |

- 아파트, 법원감정가격 6억 9,000만 원, 2차 유찰

  ∴ 매매시세 7억 2,000만 원
- 최저 입찰가격 4억 4,160만 원
- 취득세·등록세 4.6%
- 수리비 1,000만 원(예상)
- 명도비용 500만 원(예상)
- 금융비용 1,000만 원(예상)

목표수익률이 10%인 경우

① 목표수익: 시세 7억 2,000만 원×10%=7,200만 원

② 예상비용: 수리비 1,000만 원+명도비용 500만 원+금융비용 1,000만 원=2,500만 원

③ 목표수익 7,200만 원+예상비용 2,500만 원=9,700만 원

④ 시세 7억 2,000만 원−9,700만 원=6억 2,300만 원

⑤ 취·등록세: 6억 2,300만 원÷(1+4.6%)=5억 9,560만 원,
5억 9,560만원×4.6%=2,740만 원(천 원, 반올림)

⑥ 최종결정 입찰가격: 7억 2,000만 원−9,700만 원−2,740만 원
=5억 9,560만 원

Q&A 02

경매로 아파트를 매수해도 배우자와 공동명의로 할 수 있나요?

Q 결혼 5년 차 맞벌이 부부로 전셋집(전세보증금 1억 8,000만 원)에 살고 있습니다. 경매로 나온 아파트가 있어 입찰에 참가하려고 합니다. 입찰표는 어떻게 작성하는지 그리고 대리인도 입찰할 수 있는지 궁금합니다. 아파트의 소유권을 배우자와 공동명의로 할 수 있는지도 궁금합니다.

– 30대 회사원 B씨

A 입찰표를 기재하는 것은 어렵지 않습니다. ① 입찰표에 사건번호와 부동산의 표시, ② 매수인의 이름과 주소, ③ 대리인으로 입찰하는 경우에는 대리인의 이름과 주소, ④ 입찰금액을 적어야 합니다

(민사집행규칙 제62조 참조). 이때 기재한 입찰금액을 고칠 수 없습니다. 정정인 날인 여부를 불문하고 무효로 처리됩니다. 입찰금액을 잘못 기재했을 경우 새로운 표에 다시 작성해야 합니다.

참고로 입찰자가 개인이 아닌 법인인 경우, 입찰금액은 물론 ① 법인의 이름, ② 대표자의 지위와 이름, ③ 등기부상의 본점 소재지를 기재해야 합니다.

매수신청은 임의대리인도 가능합니다. 대리인의 자격에는 제한이 없습니다. 대리인이 반드시 변호사일 필요도 없고 법원의 허가를 받아야 하는 것도 아닙니다. 대리인은 대리권을 증명할 수 있는 서면을 집행관에게 제출하면 됩니다. 이때 대리권의 증명은 대리인 본인의 위임장과 인증증명을 입찰표에 첨부하면 됩니다.

경매 부동산도 소유권을 배우자와 공동명의로 매수할 수 있습니다. 이를 공동매수신청이라고 합니다. 공동명의로 입찰할 때에는 입찰표에 각자의 지분을 분명하게 표시하면 됩니다(민사집행규칙 제62조 참조). 만약 각자의 지분을 표시하지 않은 경우에는 평등한 비율로 취득 인정을 해줍니다.(민법 제262조 참조). 그러나 공동입찰의 형식을 빌려 부당하게 담합행위를 했을 시에는 매각불허 사유가 됩니다. 공동입찰자 중 한 사람이 입찰보증금을 내지 못한 경우에는 전부에 대해 재매각을 실시하게 됩니다.

Q&A 03

권리분석에도
공식이 있나요?

Q 경매로 내 집 마련을 하기 위해 나름대로 공부하면서 준비하고 있습니다. 친구 말로는 주변 시세보다 싸게 살 수 있지만 권리분석이 어려워 손해를 볼 수도 있다고 합니다. 당연히 경매 초보자에게 권리분석은 만만치 않겠지요? 권리분석에서 기준권리는 무엇이며, 매수인 입장에서 권리분석을 쉽게 할 수 있는 방법이 있나요? 혹시 권리분석에도 공식이 있는지 알고 싶습니다.

– 30대 회사원 L씨

A 일반적으로 경매를 처음 접하는 사람들은 권리분석이 어렵다고 생각할 수 있습니다. 그러나 권리분석에 대한 공식만 알면 경매 초

보자들도 쉽게 할 수 있습니다. 권리분석은 철저하게 매수인 입장에서 바라봐야 합니다. 매수인 입장에서 매수금액과 별도로 추가비용이 발생한다면 투자가치에 대한 의문이 생길 것입니다. 즉, 경매로 소멸되는 권리와 인수하는 권리를 잘 판단할 수 있어야 투자가치를 극대화할 수 있습니다.

권리분석을 쉽게 하려면 등기부에 공시되는 4개의 기준권리를 알아야 합니다. 그 권리들의 뜻을 잘 모른다고 해도 매수인이 부담하는 권리인지 아닌지를 판단하는 데에는 아무런 지장이 없습니다.

기준권리는 ① 근저당권(저당권), ② 가압류(압류), ③ 담보가등기, ④ 경매개시결정등기 입니다. 이 기준권리들 가운데 설정일자가 가장 빠른 것이 진짜 기준권리가 됩니다. 가장 빠른 기준권리를 중심으로 앞서 나오는 권리는 무조건 매수인이 인수해야 합니다. 그러나 기준권리보다 뒤에 나오면 경매로 소멸됩니다.

예를 들면 전세권, 지상권, 지역권, 소유권 이전가등기, 가처분, 환매등기 등의 등기일자가 기준권리보다 빠르면 매수인이 부담해야 하지만, 등기일자보다 뒤에 있으면 경매로 소멸되므로 매수인이 부담할 것이 없습니다. 또한 세입자의 전입신고가 기준권리보다 앞에 있으면 대항력이 생겨 매수인이 부담해야 합니다. 반대로 기준권리보다 전입신고가 늦으면 대항력이 없는 세입자이기 때문에 매수인이 부담하지 않아도 됩니다.

권리분석 공식

앞에 있는 권리(설정일자)	기준권리(설정일자)	뒤에 있는 권리(설정일자)
지역권 지상권 임차권 전세권 환매등기 가등기 가처분 세입자(전입신고)	① 근저당권(저당권) ② 가압류(압류) ③ 담보가등기 ④ 경매개시결정등기	지역권 지상권 임차권 전세권 환매등기 가등기 세입자(전입신고)
경매로 소멸되는 않는 권리	경매로 소멸되는 권리	경매로 소멸되는 권리
매수인이 인수해야 한다		매수인이 부담할 필요가 없다

소유권에 관한 '원인무효'를 다투는 가처분의 경우에는 기준권리보다 뒤에 나와도 경매로 소멸되지 않습니다. 소송 결과에 따라 소멸되거나 매수인이 부담할 수도 있습니다.

단, 권리분석에도 예외 사항이 있습니다. 기준권리보다 뒤에 나와도 소멸되지 않는 권리가 있습니다. 소유권에 관한 '원인무효'를 다투는 가처분의 경우, 기준권리보다 뒤에 나와도 경매로 소멸되지 않습니다. 소송 결과에 따라 소멸되거나 매수인이 부담할 수도 있으니, 이 경우에는 철저한 권리분석이 필요합니다.

한편, 등기부에 공시되지 않는 유치권을 비롯해 법정지상권, 분묘기지권 등의 권리들은 법에서 정한 정당성을 갖고 있다면, 기준권리의 선·후와 관계없이 매수인이 인수해야 합니다.

하지만 이 권리들이 법에서 인정받기가 쉽지는 않습니다. 대부분 허위이거나 가짜 또는 위장인 경우가 많기 때문에 지레 겁먹을 필요는 없습니다. 만약 유치권을 주장하는 권리가 있다면, 제2장에서 설명한 대로 법에서 정한 요건에 맞는지 철저하게 따져보고 판단하면 됩니다.

Q&A 04

근저당권과 가등기의 날짜가 같은 경우 우선순위는 어떻게 되나요?

Q   은퇴자금으로 경매를 통해 상가건물을 매수하려고 합니다. 권리분석을 하다 보니 1순위 근저당권과 함께 소유권 이전가등기가 같은 날짜에 설정되어 있습니다. 분명한 것은 기준권리는 근저당권인데, 가등기가 경매로 소멸되는지 아니면 매수인이 인수해야 하는지 궁금합니다.

– 50대 은퇴자 D씨

A   등기부에 공시되는 권리들이 같은 날짜에 설정되면 애매하게 보일 수 있습니다. 그러나 부동산등기법에서는 같은 날짜에 설정된 권리들의 우선순위를 정하는 기준을 마련하고 있습니다.

등기부에는 갑구와 을구로 구분하여 권리를 공시합니다. 우선 갑구에 소유권에 대한 권리변동 사항과 관련된 권리들이 나타납니다. 예를 들어 가등기를 비롯해 환매등기, 가처분 등이 공시됩니다. 을구에는 소유권 이외의 권리들이 공시됩니다. 예를 들어 근저당권, 지상권, 지역권 등이 표시됩니다.

D씨의 경우 가등기는 갑구에 공시되고, 근저당권은 을구에 공시됩니다. 그런데 갑구와 을구에 공시된 권리가 같은 날짜(동년, 동월, 동일)에 설정되면 우선순위는 접수번호 순으로 결정됩니다. 법률에 다른 규정이 없으면 동일한 부동산과 관련하여 권리의 순위는 등기한 순서에 따릅니다.

다시 말해 등기 기록을 같은 구區에서 했다면 순위번호에 따르고, 다른 구에서 했다면 접수번호에 따른다는 의미입니다(부동산등기법 제4조 참조).

따라서 근저당권과 가등기는 해당 구에서 각각 표시되기 때문에 법에서 정한 접수번호순대로 우선순위가 정해집니다. 근저당권의 접수번호가 빠른 경우, 근저당권이 기준권리가 되므로 가등기는 경매로 소멸됩니다(매수인이 부담할 필요가 없음). 반대로 가등기의 접수번호가 앞선다면 매수인은 주의해야 합니다. 선순위 가등기는 경매로 소멸되지 않기 때문에 매수인이 부담해야 합니다.

세입자가 집을 비워주지
않으면 어떻게 해야 하나요?

Q   경매로 아파트를 장만했습니다. 세입자가 있는데 다행히 대항력이 없습니다. 소유권이전등기를 마치고 이사를 하려는데 세입자가 자꾸 명도날짜를 미루더군요. 벌써 2개월이 다 되어갑니다. 처음으로 내 집을 장만했는데 상황이 이러하니 답답해 죽겠습니다. 이럴 때는 어떻게 해야 하나요? 자세한 답변 부탁드립니다.

- 40대 가정주부 A씨

A   대항력이 없는 세입자가 집을 비워주지 않는 경우에는 인도명령 절차에 따라 아파트를 돌려받으면 됩니다. '인도'라 함은 부동산의 사실상 지배를 이전하는 것을 뜻합니다.

매수인은 대금을 납부함과 동시에 매수한 부동산의 소유권을 취득하게 됩니다. 이때 권원이 없는 사람(전 소유자, 대항력 없는 세입자 등)에 대해 부동산의 인도를 청구할 수 있습니다.

만일 대항력이 없는 세입자가 부동산의 인도를 거부할 때는 세입자를 상대로 소송을 제기하여 강제적으로 부동산을 인도받아야 합니다. 그러나 대항력이 없는 세입자를 상대로 소송을 통해 부동산을 인도받으면 경제적으로 부담이 됩니다. 법에서는 이러한 경우 매수인의 경제적 부담을 덜어주기 위해 '인도명령'으로 부동산을 신속하고 간편하게 인도받을 수 있도록 규정하고 있습니다.

인도명령은 대금납부를 마치고 6개월 내에 신청할 수 있습니다. 인도명령을 신청하면 법원은 권원이 없는 자에 대해 부동산을 매수인에게 인도하도록 명령할 수 있습니다. 법원으로부터 인도명령결정이 내려졌는데도 세입자가 따르지 않는다면 집행관에게 집행을 위임해 부동산을 인도받으면 됩니다(민사집행법 제136조 참조). 그러므로 매수인은 대금납부와 동시에 인도명령을 신청하는 것이 유리합니다. 적절한 협의를 통해 세입자로부터 부동산을 인도받는 것이 가장 좋지만, 이때도 인도명령을 신청해두는 편이 안전합니다.

한편, 대금납부 후 6개월 이내에 인도명령을 신청하지 못한 경우에는 명도소송을 통해 부동산을 인도받아야 합니다. 명도소송은 인도명령에 비해 시간과 비용이 많이 소요됩니다. 또 세입자 등을 명도하는 데 지체되는 기간동안 부동산 사용권을 행사할 수 없기 때문에 그만큼 기회손실이 발생합니다. 그러므로 법이 정한 기한 내에 인도명령을 신청하는 것이 유리합니다. 만약 명도소송을 통해 부동산을 인도받아야 한다면, 소송에 앞서 세입자와 협의하여 해결하는 편이 좋습니다.

참고로 명도소송 도중에 세입자가 이사를 가고 다른 사람이 부동산을 점유하는 일이 벌어지면, 처음부터 명도소송을 다시 시작해야 합니다. 당연히 추가 비용과 시간이 소요됩니다. 이런 상황에 이르지 않으려면 세입자가 명도소송 중에 이사할 수 없도록 점유이전금지 가처분을 해야 합니다.

세입자가 무단으로
전입·전출을 한 경우에도
대항력이 있나요?

Q   경매로 빌라를 매입하려고 합니다. 곧 2차 경매가 진행될 예정인데 시세보다 약 30% 정도 저렴한 것 같습니다. 권리관계도 1순위 근저당권, 2순위 가압류, 3순위 세입자로 경매로 전부 소멸되는 권리로 보입니다. 그런데 세입자가 1순위 근저당권이 설정되기 전에 전입했다가 무단으로 전출해 다시 전입했습니다. 세입자는 아직 배당요구를 하지 않았습니다. 이런 경우 매수인은 어떻게 대처해야 하는지 알고 싶습니다.

— 40대 회사원 R씨

A   일반적으로 대항력 있는 세입자가 무단으로 전출했다가 다시

전입하는 경우에는 새로 들어온 시점을 기준으로 세입자의 지위를 따지게 됩니다. 세입자가 다시 전입한 그 시점에 1순위 근저당권이 생기지 않았다면, 제3자에 대한 대항력을 유지할 수 있습니다. R씨의 경우는 전입신고를 하기 전에 이미 1순위 근저당권이 설정됐기 때문에 대항력 있는 세입자의 지위를 인정받을 수 없습니다.

단, 세입자의 특별한 사정이 인정되는 경우에는 최초의 전입일자를 기준으로 대항력을 따지게 됩니다. 첫째, 가족의 주민등록 전입을 유지한 채 세입자만 나갔다 다시 들어오면 대항력이 상실되지 않습니다. 법에서는 주민등록이라는 대항요건을 세입자뿐만 아니라 배우자나 자녀까지도 포함하기 때문입니다(주택임대차보호법 제3조 참조). 다시 말해 세입자가 가족과 함께 해당 주택에 계속 살고 있으면서 가족의 주민등록은 그대로 둔 채 세입자의 주민등록만을 일시적으로 다른 곳으로 옮긴 경우라면 주민등록 이탈이라고 볼 수 없습니다. 이 경우 세입자는 제3자에 대한 대항력이 유지되는 것으로 봐야 합니다(대법 95다30338 참조).

둘째, 세입자의 주민등록이 직권말소됐다가 다시 회복된 경우에도 대항력을 유지할 수 있습니다. 세입자의 의사에 상관없이 주민등록법에 따라 시·군·구청장의 직권조치로 주민등록이 말소된 경우에는 원칙적으로 대항력도 상실되는 것으로 간주하고 있습니다. 그러나 직권말소 후 소정의 이의절차에 따라 주민등록이 회복되거나 재등록이 이루어진 경우에는 대항력이 상실되지 않습니다. 다시 말해 세입자가 주민등록을 유지할 의사가 분명히 있음이 명백히 들어난 경우에는 최초의 대항력을 그대로 인정해주고 있습니다. 다만 직권말소가 주민등록법 소정의 이의절차에 따라 회복된 것이 아니라면 세입자는 제3자에 대해 대항력을 주장할 수 없습니다(대법 2002다20957 참조).

셋째, 세입자의 주민등록이 제3자에 의해 임의로 이전되고 당사자에게 잘못이 없는 경우에는 대항력이 상실되지 않습니다. 주민등록이 세입자의 의사에 상관없이 제3자가 임의로 이전하는 경우가 있는데, 이때 세입자에게 책임을 물을 만한 사유가 없다면 세입자가 최초에 취득한 대항력은 그대로 유지됩니다(대법 2000다37012 참조).

따라서 매수인은 세입자의 배당요구 여부와 상관없이 최초의 대항력을 인정받을 수 있는 조건인지를 다시 한 번 따져보고 경매에 참가해야 합니다.

소유자가 잠적했을 때
문을 열고 들어가도 되나요?

Q 경매로 아파트를 장만했습니다. 소유권이전등기를 마치고 이사를 들어가려는데 전 소유자가 문을 잠가놓고 잠적해 연락이 닿지 않습니다. 아파트에 아무도 살지 않는 것 같습니다. 이웃집 말로는 이사를 갔다고 하는데 확실하지 않습니다. 이때 강제로 문을 열고 들어가도 되는지 궁금합니다.

– 30대 공무원 K씨

A 경매로 매수한 아파트에 전 소유자가 살지 않고 빈집이 확실하다면 인도명령을 거치지 않고 문을 열고 들어갈 수 있습니다. 그러나 문제가 생길 소지는 있습니다. 훗날 전 소유자가 나타나 집 안에 중요

한 귀중품 또는 동산이 있었다고 주장하면, 이에 따른 민·형사상 책임을 묻는 소송에 휘말릴 수 있습니다. 즉, 전 소유자가 이사를 갔다 해도 문을 열고 들어가면 곤란한 상황에 처할 수 있습니다. 그러므로 인도명령결정을 받은 후 정상적인 방법으로 들어가는 것이 좋습니다. 아파트의 문을 열고 들어갈 때에는 경찰관을 대동하는 것이 아니라 반드시 집행관의 입회하에 들어가야 법적으로 효력이 있습니다.

한편, 전 소유자가 행방불명이 된 상태에서는 인도명령결정을 취득한 후에도 강제집행을 실행하기가 매우 어렵습니다. 행방불명된 전 소유자에게 인도명령결정문을 송달할 수 없기 때문입니다. 그러므로 전 소유자의 주소지가 불분명할 경우에는 신속하게 야간송달 또는 특별송달 같은 공시송달 방법으로 강제집행 절차를 밟아야 합니다.

참고로 공시송달은 송달받는 사람의 주소·거소, 이외의 송달장소를 알 수 없는 경우에 법원사무관 등이 송달할 서류를 보관하고 그 사유를 법원게시판에 게시하는 방법입니다(민사소송법 제195조 참조).

체납된 아파트 관리비도
매수인이 부담해야 하나요?

Q 결혼 8년째 맞벌이 부부입니다. 전셋집을 전전하며 내 집을 마련하기 위한 종잣돈을 모았습니다. 아내가 애쓴 덕분에 경매로 시세보다 싸게 아파트를 매수하는 데 성공했습니다. 소유권이전등기를 마치고 이사를 들어가려고 하는데, 아파트 관리소에서 관리비가 3개월째 체납됐다며 납부를 요구하더군요. 매수인이 전 소유자가 체납한 관리비까지 부담해야 하는지 궁금합니다.

– 40대 자영업 A씨

A 결론부터 말씀드리면, 매수인은 전 소유자가 체납한 아파트 관리비를 부담하지 않아도 됩니다. 일반적으로 아파트 관리규약을 보

면, 체납된 관리비에 대해 입주자의 지위를 승계한 자에 대해서도 행사할 수 있도록 규정하고 있습니다. 그런 까닭에 매수인에게 전 소유자가 체납한 관리비를 납부하도록 요구하는 것입니다. 그러나 아파트 '관리규약'으로 체납된 관리비를 매수인에게 부담하는 것은 입주자들의 자치규범인 관리규약 제정의 한계를 벗어난다고 볼 수 있습니다. 이처럼 개인(매수인)의 기본권을 침해하는 사항은 법률로 특별히 정하지 않는 한 사적 자치의 원칙에 반하는 것입니다. 매수인이 그 관리규약을 명시적·묵시적으로 승인하지 않는 한 그 효력은 인정되지 않습니다.

공동주택의 입주자들이 공동주택의 관리·사용 등의 사항에 대해 관리규약으로 정한 내용은 매수인이 낙찰받기 이전에 제정된 것이라 해도 매수인에 대해 효력이 있지만, 관리비와 관련해서는 매수인도 입주자로서 앞으로 관리규약에 따른 관리비를 납부해야 한다는 단순한 의미로 해석될 뿐입니다(집합건물법 제42조 및 공동주택관리령 제9조 참조). 이러한 규정으로는 매수인이 전 입주자의 체납관리비까지 승계하는 것으로 해석할 수 없습니다. 단, 집합건물의 공용 부분은 전체 공유자의 이익에 공여하는 것이며 공동으로 유지·관리해야 합니다. 또한 적정한 유지·관리를 도모하기 위해 들어가는 비용은 특별승계인(매수인)의 의사와 관계없이 청구할 수 있도록 법에 규정되어 있습니다(집합건물법 제18조 참조).

따라서 공용부분 관리비에 관한 부분은 위 규정에 따라 유효하다고 인정되므로, 매수인은 전 입주자의 체납관리비 중 공용 부분에 대한 비용만 납부하면 됩니다(대법 2001. 9. 20. 선고 2001다8677 참조).

Q&A 09

매수인에게
인테리어 비용을 유치권으로
주장할 수 있나요?

Q   경매로 영등포에 위치한 상가건물을 매수하려고 합니다. 그런데 2층에 커피 전문점을 운영하는 세입자가 인테리어 비용으로 유치권을 신고한 상태입니다. 세입자가 자신의 영업을 위해 지출한 비용도 유치권으로 인정되어 매수인이 부담해야 하는지 궁금합니다.

－50대 임대업 L씨

A   원칙적으로 세입자가 지출한 인테리어 비용은 유치권이 성립되지 않습니다. 세입자가 카페 영업을 하기 위해 공사 및 내부 시설공사를 했다면, 이것은 세입자가 필요에 의해 행한 것이므로 상가건물의 객관적인 가치가 증가한 것으로 볼 수 없습니다.

따라서 유익비에 해당하지 않습니다(대법원 판결 1991.10.8. 91다8029 참조). 유익비란 필요비는 아니지만 물건을 개량하여 그 물건의 가치를 증가시키는 비용입니다. 따라서 유익비에 해당하지 않는 비용의 지출은 유치권으로 인정받을 수 없습니다.

다만 세입자가 상가건물을 보존하는 데 필요한 비용을 지출하거나 유익비가 들어간 경우, 이로써 상가건물의 가치를 보존하거나 증가시키기 위해 지출한 비용에 한해 엄격하게 인정되고 있습니다. 다시 말해 세입자의 수리로 상가건물의 가치가 증가했다면 소유자에게 필요비나 유익비로 청구할 수 있습니다(민법 제626조 참조).

그러나 세입자가 지출한 비용이 필요비 또는 유익비가 확실하다 해도 그 비용으로 유치권을 주장할 수 없습니다. 확실한 필요비·유익비에 대해서는 배당절차를 통해 돌려받을 수는 있습니다.

세입자가 필요비·유익비를 돌려받으려면 배당요구종기일까지 배당요구를 해야 하며, 세금계산서와 함께 공사한 내역서 등 객관적으로 증명할 수 있는 서류를 제출해야 합니다. 이때 세입자의 유익비에 대한 '비용상환청구권'은 소액임차인보다 우선하여 배당받을 수 있습니다. 배당에서 필요비·유익비는 전체 지출 비용이 아닌 최소한만 인정됩니다.

이처럼 세입자들이 주장하는 필요비·유익비는 유치권으로 인정되지 않습니다. 필요비·유익비로 인정되는 경우에 한해 '비용상환청구권'에 따른 배당만 받을 수 있습니다. 결론적으로 매수인은 세입자가 신청한 유치권은 신경 쓰지 않아도 됩니다.

Q&A 10

경매로 취득한 농지도 농지취득자격증명이 필요한가요?

Q 　전원주택용지로 사용하기 위해 경기도 이천에 경매물건으로 나온 땅(밭) 400평을 매입하려고 합니다. 친구 말로는 경매물건이라 해도 땅을 매입하면 농지취득자격증명이 있어야 한다고 합니다. 농지취득자격증명은 어떻게 발급받아야 하는지 궁금합니다.

－40대 자영업 A씨

A 　경매로 농지(논, 밭등)를 매입하는 경우는 물론이고 일반 매매로 농지를 취득하고자 할 때도 농지의 소재지를 관할하는 시·구·읍·면장에게 농지취득자격증명을 발급받아야 합니다. 그리고 취득할 농지의 면적, 농업경영에 적합한 노동력 및 농업기기, 장비의 확보방안

등이 기재된 농업경영계획서도 작성하여 제출해야 합니다(농지법 제8조 참조). 이렇게 하는 이유는 땅에 대한 투기수요를 차단하고 자경(自耕) 여부를 확인하기 위함입니다. 여기에 농지소유 자격을 심사해 적합한 사람에게만 농지의 매입을 허용함으로써 비농민의 농지매입을 규제해 경자유전耕者有田의 실현을 도모하기 위해서입니다.

단, 농지전용협의를 완료한 농지나 담보농지를 취득한 경우에는 농지취득자격증명을 발급받지 않아도 됩니다. 상속 또는 지방자치단체가 농지를 취득하는 경우에도 농지취득자격증명이 필요 없습니다.

농지가 1,000㎡ 이하인 경우에는 주말농장으로 신청하면 비교적 빠르게 농지취득자격증명을 발급받을 수 있습니다.

농지취득자격증명을 신청할 때에는 투기목적이 아님을 분명히 밝혀야 합니다. 담당 공무원 앞에서 2~3년 보유했다가 처분한다는 등의 발언을 하면 농지의 실수요자가 아닌 투기꾼으로 오해받을 수 있습니다. 농지취득자격증명을 가장 확실하게 받을 수 있는 방법은 매수인이 '귀농' 계획에 따른 실수요자이며 농사를 짓는다는 점을 분명히 밝히는 것입니다.

Q&A 11

경매로 매수한 땅의 농작물 소유권은 어떻게 되나요?

Q 경매로 토지를 매입하려고 열심히 권리분석에 대한 공부를 하고 있습니다. 소유자 미상의 농작물과 과수(배나무) 등이 있는 경매물건을 매수하면 과수나 농작물에 대한 소유권도 매수자가 행사할 수 있는지 궁금합니다.

– 30대 교사 A씨

A 농작물은 토지의 일부로 간주되어 토지 소유자가 권리를 행사할 수 있습니다. 그러나 대법원 판례를 보면 농작물에 대해서는 예외를 인정하고 있습니다. 권원이 없이 농작물을 재배했거나 위법하게 경작한 때에도 해당 농작물에 대한 소유권은 언제나 경작한 사람에게 있

습니다(대법원 판결 1970.3.10,70도82 참조). 따라서 경매물건의 경우에도 해당 토지에서 재배된 농작물은 매수자가 아닌 경작자가 소유권을 행사할 수 있습니다.

그러나 수목(과일나무 등)은 입목立木등기 또는 명인明認방법으로 소유권이 확실하게 공시되지 않았다면 토지 소유자인 매수인이 권리를 행사할 수 있습니다. 또한 수목이 채무자 소유이고 채무자가 수목을 경작하고 있다면, 수목의 과실은 대금을 납부함과 동시에 매수인 소유가됩니다. 이때 채무자가 과실에 대한 소유권을 넘겨주지 않는다면 인도명령결정에 따른 강제집행을 통해 소유권을 넘겨받을 수 있습니다.

Q&A 12

상가건물 세입자가 대항력을 주장하면 어떻게 해야 하나요?

Q 종로에 핸드폰 대리점을 하기에 좋은 테마상가가 경매로 나와 매수하려고 합니다. 그런데 세입자의 사업자등록일자가 1순위 근저당권보다 앞에 있습니다. 법원의 현황조사서에는 세입자가 임대보증금 5,000만 원에 매월 300만 원의 월세를 내는 것으로 나타나 있습니다. 이 경우 세입자가 대항력을 주장할 수 있는지 궁금합니다.

− 30대 자영업 B씨

A 경매를 당한 상가건물의 세입자도 상가건물임대차보호법에 따라 대항력을 주장할 수 있습니다. 이 법은 영세한 세입자의 권익을 위해 만들어진 것입니다. 소유자의 일방적인 계약해지를 막고 임차료

의 과다한 인상과 불안정한 임대기간을 지켜주기 위해서입니다.

상가건물 세입자가 대항력을 주장하려면 기준권리(근저당권 등)보다 먼저 건물의 인도와 사업자등록을 신청해야 합니다. 그러면 익일부터 제3자에 대해 효력이 발생합니다(상가건물임대차보호법 제3조 참조).

그러나 임대차 보증금액이 일정 한도를 넘으면 대항력을 인정하지 않습니다. 임대차 보증금액은 서울특별시가 3억 원, 과밀억제권역(서울특별시는 제외)이 2억 5,000만 원, 광역시(과밀억제권역에 포함된 지역과 군 지역은 제외), 안산시, 용인시, 김포시 및 광주시가 1억 8,000만 원, 그 밖의 지역이 1억 5,000만 원입니다. 이 금액을 초과하는 임대차에는 적용되지 않습니다(상가건물임대차보호법 제2조 참조).

B씨의 경우 기준권리가 생기기 전에 세입자가 사업자등록을 마쳤어도 보증금 환산금액이 법에서 정한 범위를 초과하기 때문에 대항력이 인정되지 않습니다(서울특별시는 3억 원, 환산보증금이 3억 5,000만 원이므로 임대차에 대해 법으로 보호받을 수 없음).

☞ 환산보증금 3억 5,000만 원＝임대보증금 5,000만 원＋(월세 300만 원×100)

따라서 위의 상가건물을 낙찰받는 매수인이 상가의 세입자에 대해 부담해야 하는 권리는 없습니다.

참고로 대항력을 갖춘 세입자는 제3자에게 대항력을 행사할 수 있을 뿐만 아니라 배당절차에서 보증금을 우선적으로 회수할 수 있습니다. 게다가 계약갱신요구권도 부여하므로 최초 계약일로부터 5년간 영업할 수 있습니다. 당연히 경매로 상가를 구입한 매수인에게도 대항력을 행사할 수 있습니다.

어렵지 않다!
알기 쉬운
실전경매 가이드

1. 초보자가 꼭 알아야 할 경매 절차

경매는 채권자를 비롯해 채무자, 소유자, 매수인 등 많은 이해관계자들이 얽혀 있다. 이 때문에 처음 경매를 시작하는 사람들에게 매우 복잡하고 어렵게 느껴지기 마련이다. 그러나 매수인은 ①~⑧까지 진행되는 모든 경매절차를 다 아는 것보다 꼭 필요한 ⑤~⑦부분을 확실히 이해하는 것이 중요하다.

경매절차

참가대상	경매절차	비고
채권자	① 경매신청	
	② 경매개시결정	매수자의 관심
채권자, 채무자, 매수자	③ 배당요구의 종기결정 및 공고	매수자의 관심
	④ 현황조사	매수자의 관심
매수자	⑤ 매각기일	
매수자	⑥ 매각결정	
매수자	⑦ 매각대금납부기한	
채권자, 채무자, 소유자	⑧ 배당기일	매수자의 관심

① 경매신청 ② 경매개시결정 ★

경매신청은 채권자(돈을 빌려 준 사람)가 한다. 즉, 강제집행은 사법상의 이행의무를 국가권력에 의하여 강제적으로 실현할 것을 목적으로 하고 있기 때문에, 채권자의 신청에 의해 일방적·형식적 조사를 하게 된다. 이런 절차가 끝나면 법원은 경매개시결정을 하며, 부동산을 압류한다(민사집행법 제83조 참조). 또한 관할 등기소의 등기관으로 하여금 등기부에 경매개시결정등기를 기입하도록 촉탁(위임)을 한다.

TIP————————————————————————

경매개시결정등기는 기준권리가 된다.

③ 배당요구의 종기결정 및 공고 ★★★★

경매개시결정에 따른 압류의 효력이 생기면 집행법원은 절차에 필요한 기간을 감안하여 배당요구를 할 수 있는 종기를 일주일 내에 첫 매각기일 이전으로 정해야 한다. 법원은 종기가 정해지면, 경매개시결정을 한 취지 및 배당요구의 종기를 공고해야 한다. 또한 세입자 및 법원에 알려진 채권자에게 이를 고지해야 한다(민사집행법 제84조 참조).

배당요구 종기는 채권자들에게 중요한 경매절차다. 매각대금의 배당을 통해 빌려준 돈의 회수 여부가 결정되기 때문이다. 근저당권자 등은 배당요구를 하지 않아도 배당 받을 수 있다. 그러나 집행력 있는 정본을 가진 채권자, 경매개시결정 이후에 가압류한 채권자, 민법·상법 등의 법률에 의하여 우선변제청구권이 있는 채권자는 배당요구 종기까지 배당요구를 해야 배당순위에 의해 배당을 받을 수 있다.

이때 대항력을 갖춘 우선변제권자(세입자)가 배당요구를 하지 않았거나 또는 배당요구를 종기일이 지나서 했다면 세입자는 배당을 받을 수 없다. 이런 경우 세입자의 보증금을 매수인이 인수해야 한다.

우선변제권과 대항력 있는 세입자가 배당요구 종기까지 배당요구를 했는지, 배당요구를 종기가 지나서 했는지 등을 반드시 확인해야 한다.

- 배당요구를 한 세입자: 매수인이 인수하지 않아도 된다.
- 배당요구를 하지 않은 세입자: 배수인이 인수해야 한다.
- 배당요구 종기가 지나서 배당요구를 한 세입자: 매수인이 인수해야 한다.

④ 현황조사 ★

법원은 경매의 준비절차로서 집행관에게 부동산의 현상, 점유관계, 차임 또는 보증금의 액수, 기타 현황에 관하여 조사를 명해야 한다(민사집행법 제85조 참조). 매각대상 부동산에 대해 정확히 파악하는 것은 법원이 적정한 매각조건을 결정하고, 매수인에게 정확한 정보를 제공하기 위해서다.

현황조사 보고서에는 매각조건의 확정, 최저경매가격의 결정에 필요한 권리 및 사실관계의 기초적 자료가 담겨 있다. 또한 인도명령의 허부에 대한 판단자료를 제공하고, 우선변제권과 대항력 있는 세입자를 판단하는데 중요한 자료가 제공된다. 현황조사 보고서는 매수자뿐만 아니라 누구나 볼 수 있도록 공개한다.

매각대상 부동산이 시세대비 잘 평가되었는지 확인해야 한다. 또한 현황조사 보고서를 권리분석의 기초자료로 삼아야 한다.

⑤ 매각기일 ★★★★★

매수자는 매각기일을 통해 처음으로 경매절차에 참여하게 된다. 집행관은 기일입찰 방법에 의한 매각기일에 매각물건명세서, 현황조사 보고서 및 평가서의 사본을 볼 수 있게 해야 한다. 또한 특별한 매각조건이 있는 때에는 이를 고지하며, 법원이 정한 매각방법에 따라 매수가격을 신고하도록 최고하여야 한다(민사집행법 제112조 참조). 입찰보증금액은 최저매각가격의 10분의 1로 하도록 규정하고 있다(민사집행규칙 제71, 72조 참조).

집행관은 집행보조기관으로서 미리 지정된 장소에서 매각을 실시하여 최고가매수신고인 및 차순위매수신고인을 정한다. 매각기일에 매수인이 없는 경우, 법원은 최저매각가격을 저감하고 새매각기일을 정하여 다시 매각을 실시한다.

TIP

매각대상 부동산에 대한 최종적인 권리변동 사항을 확인한 후, 이상이 없으면 입찰표를 작성해 매수신청을 하면 된다.

⑥ 매각결정절차 ★★★★★

매각결정기일에는 최고가매수신고인에 대한 매각의 여부가 결정된다. 법원은 매각결정기일에 이해관계인의 이의진술과 그 반대진술을 듣고 직권심사를 마친 뒤 매각의 허가여부를 결정한다. 이때 매각을 허가하는 경우는 물론 혹은 허가하지 않는 경우에도 결정을 선고해야 한다(민사집행법 제 126조 참조).

한편, 매각허가결정이 확정된 이후 천재지변이나 불가항력의 사유로 부동산이 현저하게 훼손된 사실 또는 중대한 권리관계가 변동된 사실이 경매절차의 진행 중에 밝혀진다면 매수인은 대금을 낼 때까지 매각허가결정의 취소 신청을 할 수 있다(민사집행법 제127조 참조).

TIP─────────────────────────

매수인은 매각허가결정을 받은 뒤 낙찰 받은 부동산의 상태와 경매진행 중에 권리변동 사항이 있는지 확인해야 한다.

⑦ 매각대금납부기한 ★★★★

경매법원은 매각허가결정이 확정된 날로부터 1개월 대금납부기한을 지정한다. 대금납부기한이 정해지면 매수인과 차순위매수인에게 통지한다. 매각대금은 일시불로 납부해야 하며, 분할납부는 허용되지 않는다. 매수인이 대금을 납부하지 않으면 재매각을 실시하게 된다(민사집행법 제138조 참조).

한편 매수인이 대금납부를 하지 전까지는 이해관계자(채무자, 소유자 등)들이 대출금을 상환하고 '경매개시결정에 대한 이의신청'을 통해 경매를 취하시킬 수 있다. 따라서 매수인은 대금납부기한이 결정되면 즉시 대급납부를 하는 것이 유리하다.

만약, 매수인이 지정한 기일까지 대금납부를 하지 않으면, 입찰보증금은 몰수된다.

TIP───────────────────

매수인은 즉시 대금납부 하는 것이 유리하다.

⑧ 배당기일 ★

매수인이 매각대금을 완납하면 법원은 배당절차를 밟아야 한다. 매각대금으로 배당에 참가한 모든 채권자를 만족시킬 수 없는 때에는 법원이 민법 · 상법 등의 법률에 의한 우선순위에 따라 배당해야 한다(민사집행법 제145조 참조). 법원은 배당에 관한 진술 및 배당을 실시할 기일을 정하고 이해관계인과 배당을 요구한 채권자에게 통지하여야 한다(민사집행법 제146조 참조).

배당절차에서 기준권리보다 빠른 우선변제권(대항력 있음)이 있는 세입자가 임차보증금의 전액 또는 일부를 배당 받지 못하면 매수인이 인수해야 한다. 다시 말해 배당에서 대항력이 없는 세입자가 있으면, 신경 쓰지 않아도 된다. 단, 우선변제권(대항력 있음)이 있는 세입자가 있으면 배당을 전부 받았는지 확인할 필요가 있다.

2. 초보자의 경매준비 절차

경매를 처음 시작하는 매수인은 ①경매정보를 얻는 것이 중요하다. 많은 경매물건 정보를 가운데 투자대상 ②경매물건을 잘 찾아야한다. 경매로 투자할 적당한 부동산을 고른 다음에는 ③미래가치 분석을 비롯한 ④권리분석을 해야 한다.

여기에 ⑤현장방문을 통해 미래가치와 권리분석을 직접 확인해야 한다. 마지막으로 완벽한 ⑥자금계획을 세워 낙찰을 받아 놓고도 대금납부를 하지 못하는 상황이 발생하지 않도록 해야 한다.

경매준비 절차

차례	경매준비
①경매정보	대법원(무료), 지지옥션(유료), 태인컨설팅(유료)
②경매물건	아파트, 땅, 상가, 오피스텔 등 투자대상 물건 선택
③미래가치	토지이용계획확인서, 토지대장, 지적도 등을 통해 수익성 확인
④권리분석	등기부등본 및 현장확인을 통해 소멸 또는 인수하는 권리 확인
⑤현장방문	미래가치와 권리분석에 반드시 필요한 절차
⑥자금계획	경매대출이 필요한 경우 해당 주거래은행에서 확인

① 경매정보 찾기 ★★

법원은 경매 부동산에 대한 정보를 통상적으로 매각기일 2주 전까지 대법원 홈페이지(www.courtauction.go.kr)에서 공고한다. 부동산의 표시와 함께 부동산의 점유자, 임대차보증금 등의 내용을 알 수 있으며,

최저매각가격과 매각결정기일의 일시·장소까지 확인할 수 있다(민사집행법 제106조 참조). 한편 법원은 매각기일 1주일 전에 매각물건명세서, 현황조사 보고서, 감정평가서 등을 비치하여 누구든지 볼 수 있게 하고 있다.

현황조사 보고서에는 부동산의 위치와 현상, 부동산의 내부 구조 및 사용용도, 부동산의 점유자, 점유자의 권리관계가 조사되어 있다. 여기에 세입자와 임차내용이 있으며, 주민등록 전입신고 및 확정일자 여부가 표시되어 있다. 매수인 입장에서는 매우 중요한 정보들이다. 현황조사 보고서와 감정평가서를 통해 권리분석과 미래가치를 따져봐야 한다. 참고로 대법원 홈페이지에서 제공하는 서비스를 사용하는 데 따로 필요한 비용은 없다. 누구나 자유롭게 이용할 수 있지만, 경매 부동산에 대한 모든 정보를 얻기엔 아직 미흡한 부분이 있다.

한편 대법원 홈페이지가 아닌 다른 사이트에서도 경매 부동산에 대한 정보를 얻을 수 있다. 권리분석까지 확인할 수 있으며, 매수자가 원하는 종류의 경매물건까지 찾아주는 곳도 있다. 만약 아파트를 검색하는 경우 경매물건이 소재한 지역의 거래동향, 지역별 아파트시세, 아파트 분양정보, 시장동향까지 많은 정보를 신속하게 얻을 수 있다. 그러나 이런 서비스를 이용하기 위해서 사용료를 지불해야 한다.

그러나 경매 사이트에서 제공하는 정보를 맹신해서는 안 된다. 미래가치 분석과 권리분석은 직접 확인·판단해야 한다.

대표적인 경매 사이트로는 지지옥션(www.ggi.co.kr)과 태인컨설팅 (www.taein.co.kr) 등이 있다.

② 경매물건 고르기 ★★

투자대상 경매물건을 고르는 절차다. 초보자의 경우에는 여러 가지 종류의 부동산에 기웃거리기보다는 가장 자신 있는 경매 부동산에 도전하는 것이 좋다. 예를 들어 아파트보다 상가를 잘 알고 있다면, 상가에 투자해야 한다. 그리고 생소한 지역보다 잘 알고 있는 지역의 부동산을 고르는 편이 좋다.

경매물건 중에는 유찰횟수가 잦은 것이 수익성이 높다. 하지만 위험도 상존하기 때문에 전문가의 도움을 받는 것도 하나의 방법이다.

③ 미래가치 따져보기 ★★★★★

경매 부동산을 점찍었다면 투자가치와 미래가치를 분석해야 한다. 아무리 싸게 낙찰을 받아도 미래가치가 없다면 실패한 경매라고 할 수 있다. 미래가치는 장기간 보유할수록 자본수익이 극대화되며, 시장에서 매매가 잘 되는 부동산을 뜻한다. 다시 말해 미래가치는 현재의 시세대비 개발, 사용, 임대, 처분을 통한 자본수익의 크기다.

미래가치를 확인하기 위해서는 공부상에 나타나 있는 제한사항 또는 개발계획 등을 철저히 따져봐야 한다. 또한 현장방문을 통해 부동산의 개별성과 해당 지역의 시장 분위기도 함께 고려해 판단해야 한다.

참고서류☞ 토지이용계획확인서, 토지대장, 지적(임야)도

④ 권리분석 끝내기 ★★★★

경매 부동산의 미래가치가 확실하다고 판단되면 그 다음에는 완벽한 권리분석을 해야 한다. 권리분석은 매수인이 인수하는 권리와 경매로 소멸되는 권리를 찾는 것이다. 만약 매수인이 인수하는 권리가 있으면, 부담해야 하는 권리를 감안하고도 수익성이 있는지 따져봐야 한다.

권리는 등기부에 나타나는 것과 나타나지 않는 것들로 나누어져 있다. 우선 공시되는 권리는 등기부를 통해 꼼꼼히 확인해야 하며, 공지되지 않는 권리는 현장방문을 통해 매수인이 부담하는 권리를 찾아 내야 한다. 만약 유치권 등 매수인이 부담할 수도 있는 권리가 있다면 해결방안까지 고려해야 한다.

참고서류☞ 등기부등본, 현황조사 보고서, 건축물관리대장, 전입세대 확인서 등

⑤ 현장방문 ★★★★★

부동산에 투자하는 경우 현장방문은 필수다. 바쁘다는 핑계로 현장에 나가보지 않고 투자하면 손해를 볼 가능성이 매우 높다. 하물며 경매 투자의 경우에는 현장확인이 가장 중요한 절차라고 해도 과언이

아니다. 현장방문을 거치지 않고서는 미래가치는 물론 권리분석을 완벽하게 따질 수 없다. 또한 현장방문과 함께 해당 시·군·구청에 들려 개발계획이 있는지, 도로가 생기는지 등을 반드시 확인해야 한다.

참고서류☞ 현황조사 보고서, 토지이용계획확인서, 토지대장, 지적(임야)도, 건축물관리대장, 나침반 등

⑥ 자금계획 세우기 ★★★★

①번부터 ⑤번까지의 절차가 끝나면 자금계획을 세워야 한다. 입찰보증금은 물론 잔금까지 사전에 철저히 계획을 짜야 한다. 특히 자금이 일부 부족해 경매대출을 받아야 할 경우, 입찰에 참가하기 전에 주거래은행에 가서 대출한도를 확인해야 한다. 만약 사전에 자금계획을 세우지 못한 채, 낙찰을 받게 되면 자칫 대금납부를 못해 큰 손해를 볼 수도 있다.

참고서류☞ 현황조사서, 감정평가서, 등기부등본

3. 초보자의 경매실행 절차

초보자들 중 경매를 두려워 하는 사람들이 많다. 싸게 사는 것은 좋지만, 절차가 복잡하기 때문이다. 하지만 치밀한 준비를 하고 실행에 나선다면 경매절차의 어려움을 극복하고 재테크에 성공할 수 있다.

매수인은 실질적으로 ⑤매각기일부터 ⑧대금납부기한까지 경매에 참여하게 된다. 물론 그 이전과 이후의 경매절차도 있지만, 매수인이 크게 관심을 가질 필요는 없다. 다만 ③배당요구의 종기일까지 배당요구를 하지 않은 세입자의 경우, 권리분석에 감안되어야 한다. 이렇게 경매 투자를 위한 모든 준비를 마친 후에는 매각기일 당일 해당 법원에 나가 경매에 참여하면 된다.

경매실행 절차

경매절차	핵심요약
① 법원 출발 전 확인사항	취하 · 변경 · 연기 확인, ARS ☎1588-9100
② 법원에 갈 때 준비해야 할 것	신분증, 도장, 입찰보증금
③ 입찰표 쓰기 전 마지막 확인사항	최종 기록열람을 통한 권리변동 확인
④ 입찰표 작성하는 방법	주의사항 숙지
⑤ 위임장 작성하는 방법	대리인이 참가하는 경우만 해당
⑥ 대금납부 하기	신속하게 납부하는 것이 유리
⑦ 소유권이전등기 절차	준비서류

① 법원 출발 전 확인사항

일반적으로 경매물건에 대한 입찰은 당일 오전 10시부터 시작된다. 그런데 법원에 도착해 점찍어 두었던 부동산의 경매가 취하 또는 변경 · 연기되는 경우가 있다. 실무상으로 입찰 전일까지 경매 부동산의 취하 · 변경 · 연기가 가능하다.

따라서 헛걸음 하지 않으려면 법원으로 출발하기 전에 해당물건이 정상적으로 경매가 진행되는지 꼭 확인해야 한다. 이때 경매물건에 대한 확인은 전화 자동응답서비스(1588-9100)를 이용하면 빠르고 편리하다.

② 법원에 갈 때 준비해야 할 것

▣ 본인이 경매에 참가하는 경우

본인이 직접 입찰에 참가하는 경우에는 신분증, 도장과 함께 입찰보증금을 지참하면 된다. 입찰표에 성명과 주민등록번호, 주민등록상의 주소 및 전화번호를 직접 기재하고, 신분증으로 본인확인을 하면 된다.

▣ 대리인이 경매에 참가하는 경우

부득이한 경우에는 대리인이 경매에 참가할 수 있다. 이 경우에는 인감증명서 한 통과 위임장을 추가로 준비하면 된다. 대리인은 본인 및 대리인의 인적사항을 모두 기재하여 준비해간 본인의 인감증명서, 위임장을 입찰표와 함께 제출하여야 한다.

▣ 법인이 경매에 참가하는 경우

법인의 대리인이 경매에 참가하는 경우에는 법인등기부등본, 위임장, 법인인감증명서 등을 준비하여야 한다. 본인의 인적사항에는 법인명과 대표자 성명을 기재하고, 대리인 기재사항에는 대리로 참가한 직원의 인적사항을 기재하여 제출하면 된다.

③ 입찰표 쓰기 전 마지막 확인사항

경매 법정에 들어가면 당일 진행될 경매 물건을 게시판에 공고한 것을 볼 수 있다. 또한 매수인들이 경매물건에 대해 다시 한번 권리분석을 할 수 있도록 경매사건기록을 비치해 둔다. 그런데 매각기일 하루 전까지도 권리관계에 변동이 생길 수 있다. 만약 변동된 권리가 매수인에게 부담이 될 수도 있다. 따라서 권리분석을 완벽하게 했어도 입찰표를 쓰기 전, 마지막으로 경매 부동산의 기록을 꼼꼼히 살펴보고 매수인이 인수해야 되는 권리가 생기지 않았는지 확인해야 한다.

회사원인 H씨(39세) 씨는 내 집 마련을 위해 평소에 경매에 많은 관심을 갖고 있었다. 그러던 중 인터넷에서 서초동에 소재한 아파트가 경매로 나온 것을 발견했다. H씨는 권리분석에 들어갔고, 1순위 근저당권보다 우선하는 세입자가 없고, 근저당권은 경매로 전부 소멸되는 권리로 판단했다. 또한 세입자 A씨는 기준권리인 근저당권보다 전입신고가 늦어, 대항력이 없는 세입자여서 매수인이 전혀 부담하지 않아도 되는 상황이었다.

그런데 세입자 A씨가 매각기일 3일 전에 1순위 근저당권 5,000만원을 대위변제(빌린 돈을 대신 갚아 주는 것) 했다. 당연히 기준권리가 2순위 근저당권으로 이동하면서 대항력이 있는 세입자로 유지하는 것이다. 이렇게 1ㆍ2순위에 낀 세입자가 전세보증금을 지키기 위해 1순위 근저당권을 소멸시키는 경우가 있다. 만약 이러한 권리 변동사실을 확인하지 못하고, 입찰표를 써냈다면 H씨는 세입자의 전세보증금 1억 5,000만원을 추가로 부담해야 한다. 따라서 경매 당일 입찰표를 쓰기 전에 마지막으로 권리변동 여부를 최종적으로 확인해야 한다.

마지막 권리분석(변경 전·후)

구분	권리분석(변경 전)	법원에서 권리분석(변경 후, 최종)
종류	아파트	
세입자	2010.10.10 전입신고, 세입자 A씨, 보증금 1억5,000만원	
권리관계	2010.10. 4 근저당권 5,000만원 (기준권리) 2010.11.10 근저당권 2억4,000만원	2010.10. 4 근저당권, 5,000만원 (세입자가 대위변제) 2010.11.10 근저당권 2억4,000만원 (기준권리)
최저입찰가격	2차, 2억4,000만원	2차, 2억4,000만원
비고	매수인 부담 없음 (세입자 대항력 없음)	매수인 부담 있음 (세입자 대항력 생김)

④ 입찰표 작성법

(앞면)																		기 일 입 찰 표															

기 일 입 찰 표

지방법원 집행관　귀하　　　　　　입찰기일 : 2012년 6월 1일

사 건 번 호			2012타경 1234호									물건 번호			1 ※물건번호가 여러개 있는 경우에는 꼭 기재					
입 찰 자	본인	성　명		홍길동									전화 번호		010-8888-1234					
		주민(사업자) 등록번호		781111-1111111					법인등록 번　호											
		주　소		서울시 서초구 서초동 201번지																
	대리인	성　명		이순신									본인과의관 계		형제					
		주민등록 번　호		791111-1111111									전화번호		010-8888-1111					
		주　소		서울시 강남구 역삼동 11번지																

입찰 가격	천 억	백 억	십 억	억	천 만	백 만	십 만	만	천	백	십	일	원	보증 금액	백 억	십 억	억	천 만	백 만	십 만	만	천	백	십	일	원
			5	6	0	0	0	0	0	0	0	0						5	6	0	0	0	0	0	0	0

보증의 제공방법	☑ 현금 · 자기앞수표 ☐ 보증서	보증을 반환 받았습니다. 　　　　　입찰자　　홍길동 (인)

▣ 주의사항

1. 입찰표는 물건마다 별도의 용지를 사용해야 한다. 다만, 일괄 입찰시에는 1 매의 용지를 사용해야 한다.

2. 한 사건에서 입찰물건이 여러 개 있으며 각 물건들이 개별적으로 입찰에 부 쳐진 경우에는 사건번호 외에 물건번호를 기재해야 한다.

3. 입찰자가 법인인 경우에는 본인의 성명란에 법인의 명칭과 대표자의 지위 및 성명을 기재한다. 그리고 주민등록 입력란에 입찰자가 개인인 경우에는 주민등록번호를, 법인인 경우에는 사업자등록번호를 기재하고, 대표자의 자격을 증명하는 서면(법인의 등기사항증명서)을 제출해야 한다.

4. 주소는 주민등록상의 주소를, 법인은 등기기록상의 본점소재지를 기재하고, 신분확인상 필요하오니 주민등록증을 꼭 지참해야 한다.

5. 입찰가격을 수정할 수 없으므로, 정정해야 한다면 새 용지를 사용해야 한다.

6. 대리인이 입찰하는 경우, 입찰자란에 본인과 대리인의 인적사항 및 본인과의 관계 등을 모두 기재해야 한다. 그리고 본인의 위임장(입찰표 뒷면을 사용)과 인감증명을 제출해야 한다.

7. 위임장, 인감증명 및 자격증명서는 입찰표에 첨부해서 제출하면 된다.

8. 입찰표를 일단 제출하면 취소, 변경이나 교환이 불가능 하다.

9. 공동으로 입찰하는 경우에는 공동입찰신고서를 입찰표와 함께 제출하되, 입찰표의 본인란에는 '별첨 공동입찰자목록 기재와 같음'이라고 기재한 다음, 입찰표와 공동입찰신고서 사이에 공동입찰자 전원이 간인해야 한다.

10. 입찰자 본인 또는 대리인 누구나 보증을 반환 받을 수 있다.

11. 보증의 제공방법(현금, 자기앞수표, 보증서)중 하니를 선택하여 ☑표에 기재해야 한다.

⑤ 위임장 작성하는 방법

위 임 장

대	성 명	이순신	직업	회사원
리	주민등록번호	791111-1111111	전화번호	010-8888-1111
인	주 소	서울시 강남구 역삼동 11번지		

위 사람을 대리인으로 정하고 다음 사항을 위임함.

다 음

서울중앙지방법원 2012 타경 1234호 부동산 경매사건에 관한 입찰행위 일체

본	성 명	(인감인)	직 업	
인	주민등록번호	-	전화번호	
1	주 소			
본	성 명	(인감인)	직 업	
인	주민등록번호	-	전화번호	
2	주 소			
본	성 명	(인감인)	직 업	
인	주민등록번호	-	전화번호	
2	주 소			

* 본인의 인감 증명서 첨부

* 본인이 법인인 경우에는 주민등록번호란에 사업자등록번호를 기재

지방법원 귀중

⑥ 대금납부 하기

경매의 최종적인 완성은 대금납부를 마쳐야 한다. 대금납부는 매각허가결정이 확정된 날로부터 1개월 이내에 대금납부기한을 정하도록 되어 있다(민사집행규칙 제78조 참조). 매수인은 대금납부기한 소환장을 받으면 하루라도 지체하지 말고 즉시 납부해는 게 좋다. 매수인이 대금납부하기 전까지는 채무자(소유자)가 언제든지 경매절차를 정지시킬 수 있기 때문이다.

대금납부를 하려면 해당 법원(경매계)에서 '법원보관금납부명령서'를 발부 받아 법원이 지정한 은행에 대금을 납부하고, 법원보관금영수증을 교부 받아야 한다. 대금납부를 마치게 되면 소유권이전등기를 하기 전이라도 소유권을 취득한 것으로 본다(민사집행법 제135조 참조).

대금납부를 마쳤으면, 소유권이전등기 촉탁절차를 밟아야 된다. 만약 대금납부를 기한내에 하지 못하면 지연일수만큼 연 25%에 해당하는 연체이자를 부담해야 한다.

매수인의 사정으로 대금납부가 되지 않으면 차순위매수신고인에게 매각허가결정을 하고 대금납부기한이 지정된다. 그러나 차순위매수신고인이 없으면 1주일 이내에 재매각기일이 지정된다. 매수인이 재매각기일 3일 전까지 대금납부를 하면 소유권을 취득할 수 있으며, 재매각은 취소된다. 만약 대금납부를 못하여 재매각이 진행되는 경우에는 입찰보증금을 돌려받을 수 없으며, 해당 경매 부동산의 배당자원에 포함된다.

한편 우선변제권이 있는 세입자가 낙찰을 받은 경우, 대금납부금 액에서 배당금이 확정된 임차보증금을 공제한 차액만 납부하면 된다. 또한 채권자가 낙찰 받은 경우에도 상계신청을 할 수 있으며, 배당금 이 확정된 채권금액을 공제한 나머지만 납부하면 된다. 매수인은 채권 자의 승낙을 얻어, 매입대금의 지급에 갈음하여 채권자가 배당 받아야 할 채권금액에 해당되는 채무를 인수할 수도 있다.

⑦ 소유권이전등기 촉탁(위임)절차

대금납부를 마쳤으면, 소유권이전등기에 필요한 일체의 서류를 준비하여 해당 법원(경매계)에 '소유권이전등기촉탁신청서'를 제출한다. 이처럼 매수인이 대금을 모두 완납하면, 매각 부동산의 소유권을 취득 하게 된다. 따라서 법원은 매각허가결정을 원인으로 하여 매수인 앞으 로 소유권을 이전하는 등기를 관할 등기소의 등기관에게 촉탁하여야 한다(민사집행법 제144조 참조).

※ 소유권이전등기 촉탁신청에 필요한 서류

ⓐ 부동산등기부등본 1통

ⓑ 토지대장 1통

ⓒ 건축물관리대장 1통

ⓓ 매수인의 주민등록초본 1통

ⓔ 취 · 등록세 납부영수증

ⓕ 말소에 대한 등록세(1필지당 3,600원)

ⓖ 대법원증지(이전: 1필지당 14,000원, 말소: 1건당 3,000원)

ⓗ 국민주택채권매입번호

ⓘ 말소대상등기목록 5부

'아이러브 고준석과 부동산 재테크' 회원분들이 책이 출간되기 전에 먼저 원고를 읽고 작성해준 것을 요약 정리한 것입니다.

■《강남 부자들》이후 오랜 목마름으로 이 책을 기다렸다. 시중에 나와 있는 경매 책들은 몇 백만 원으로 수십억 벌었다는 이야기를 늘어놓으며 일확천금을 벌 수 있을 것처럼 허황된 꿈을 심어주는 책이 많다. 그래서 책을 읽어도 도대체 경매를 어떻게 시작해야 할지 감이 안 잡혀 다시 막막해지기 일쑤였다.

그런데 이 책은 다양한 사례를 통해 경매에 임하는 자세, 권리분석이나 미래가치를 판단하고 투자하는 법, 명도시 세입자와의 문제해결 방법 등 꼭 알아야 하는 지식과 지혜, 문제와 함정까지 자세히 그리고 심도 있게 짚어주어서 읽는 내내 절로 고개를 끄덕이게 만들었다.

이 책은 쉽게 읽을 수 있지만 가볍게 한 번 보고 놔둘 책이 아니다. 몇 번이고 보면 볼수록 가치가 빛나는 책이다. 부동산 경매의 핵심요약정리집이라 할 수 있다.

– 박수현

▣ 고준석 박사님이 은행에 입사하여 현장에서 직접 경험한 2000여 사례들 중 정수만 뽑아 담은 책이라 현실감이 넘쳤다. 많은 이야기들 속에서 재미와 감동도 느낄 수 있었지만, 무엇보다 경매 초보들이 제일 어려워하는 권리분석에 대해 명쾌하게 정리해주어 정말 유용했다. 이 책을 통해 그동안 종잣돈이 부족하다는 이유로 부동산 재테크를 망설였던 사람들이 큰 희망과 힘을 얻을 수 있을 것이다.

– 이창열

▣ 부동산 재테크 관련 서적이 매일같이 쏟아지지만 진짜 도움을 받을 수 있는 책을 찾기 쉽지 않았다. 그러나 이 책은 실전경매의 절차와 원칙, 수많은 권리와 역발상 투자 등 경매의 모든 것을 담아 개인적으로 많은 도움이 되었다. 권리분석, 미래가치 분석의 벽에 가로막혀 늘 생각에만 그쳤는데, 이 책을 마음속 깊이 새겨 읽고 경매에 도전하려 한다.

– 박수진

▣ 우연히 방송을 통해 고 박사님의 카페를 알게 되었다. 평소에 궁금해하던 아파트 매매시기, 주변 지인들의 재테크 상담등을 문의하면 바쁜 와중에도 일일이 답글을 주셔서 유비가 제갈공명을 만난 듯이 내 인생의 재테크 길잡이가 되어주었다.

나처럼 부동산 경매에 무지한 사람들은 남들이 사면 따라 사고, 값이 오르면 망설이는데, 이 책을 통해 생각의 전환을 알 수 있었다. 경매 고수와 하수의 차이, 주의사항 등 명심해야 할 부분마다 밑줄을 긋고 열심히 공부를 하고 있다.

– 대왕맘

▣ 경매는 항상 어렵고 위험 부담이 있다고 생각했다. 그러나 이 책을 읽고 고개를 끄덕이게 고 박사님의 말씀 중 하나가 경매는 따지기 귀찮아서 안하고 게을러서 안하는 것이지, 어려운 것이 아니라는 것이었다. 잘 알지 못하고 또 알아보려 하지 않고 무조건 어렵고 위험한 것이라고 생각했던 나의 편견에 문제가 있다는 것을 알게 되었다. 여러분들도 이 책을 통해 투자에 대한 기본지식부터 실전 활용법까지 새롭게 눈을 뜰 것이라 확신한다.

– julialee67

▣ 관심은 많지만 어렵게만 느껴지는 경매에 대하여 고준석 박사님이 쓰신 책이 출간돼 너무나 기뻤다. 《강남 부자들》에 이어 경매에 대한 이야기를 다양한 사례와 이해하기 쉬운 설명으로 접할 수 있어 정말 유익했다. 경매에 도전하려는 사람들에게 좋은 지침서라고 자신 있게 말할 수 있다.

– sona

◼ 책장을 넘길 수록 저자의 지식과 혜안 그리고 진심을 담은 조언이 마음을 두드렸다. 정확한 목표를 세우고 냉철한 판단력으로 차분하게 진행하면 나 같은 평범한 주부도 얼마든지 성공할 수 있다는 말에 힘을 얻었다. 보통 사람들을 위한 '부자 되기 두 번째 프로젝트'를 진행해준 고 박사님의 열정에 감사드린다.

– 해피리치맘

◼ '부동산 가격이 오를 때 경매에 나서야 한다, 권리분석도 중요하지만 그보다 더 중요한 것은 미래가치를 볼 줄 알아야 한다, 흔들리지 않는 뚜렷한 목표의식이 중요하다, 원활한 소통을 통하여 문제를 해결해야 한다' 등 저자의 꼼꼼하고 명확한 조언이 그 어떤 경매 책보다 실전에 많은 도움이 되었다.

고준석 박사님의 열정이 모두에게 전해져 대한민국에 행복한 부자들이 점점 많아지길 기대하면서, 조금 더 나은 내일을 꿈꾸는 모든 사람들에게 이 책을 적극 권한다.

– 홍순희

◼ 경매가 인기다. 마치 경매를 하면 쉽고 빠르게 돈을 벌 수 있을 것 같은 착각마저 들 정도다. 하지만 권리분석 등 더 깊이 들어가면 금세 겁을 먹고 포기하기에 이른다. 전문용어를 다 알지 못해도, 부동산 지식으로 중무

장하지 않아도 경매에 도전할 수 있다는 사실을 모르는 것이다.

이 책은 경매에 대한 막연한 환상에서 벗어나게 해주면서도 자신감을 갖게 해준다. 경매의 바른 길을 알려주는 경매 바이블이라 할 수 있다.

– 봄날은 간다

■ "경매로 부자되었다니, 과연 그런 사람들이 내 주변에 존재할까?", "그들은 과연 무슨 생각, 어떤 마음으로 성공했을까?"가 늘 궁금했는데 이 책을 통해 확실히 깨달았다.

내 집 마련과 평생월급을 위해 경매를 공부하던 중, 고준석 박사님의 명쾌한 해석이 실린 이 책을 접하고 많은 도움을 받았다. 특히 경매에 실패할 수밖에 없는 사람들과 경매 부자가 될 수밖에 없는 사람들을 비교하면서 분석한 부분에서 무릎을 탁! 쳤다.

그리고 무엇보다 열심히 공부하고 이 책의 가르침대로 실천한다면 나도 가능성이 있다는 희망, 이 책을 통해 꿈을 키울 수 있어 좋았다. 경매 부자의 꿈을 가진 사람이라면 꼭 읽어야 할 필독서다.

– 정양옥

2005년 개설 이후, 현재까지 회원수가 1만 7000여 명이 넘는 다음^{Daum}의 대표적인 지식카페.

카페 회원들을 위해 2개월마다 정기 부동산 세미나를 개최하며, 현장학습의 일환인 부동산 토지 및 상가 필드 아카데미, 전문적인 부동산 지식과 실천 요령을 학습하는 5개월 과정의 자산관리 멘토스쿨 과정을 열고 있다. 카페 내의 부동산 재테크 Q&A를 통해서 고준석 박사가 직접 회원들을 위한 재테크 상담을 해줄 뿐만 아니라, 오프라인에서 대면상담도 무료로 진행하고 있다.